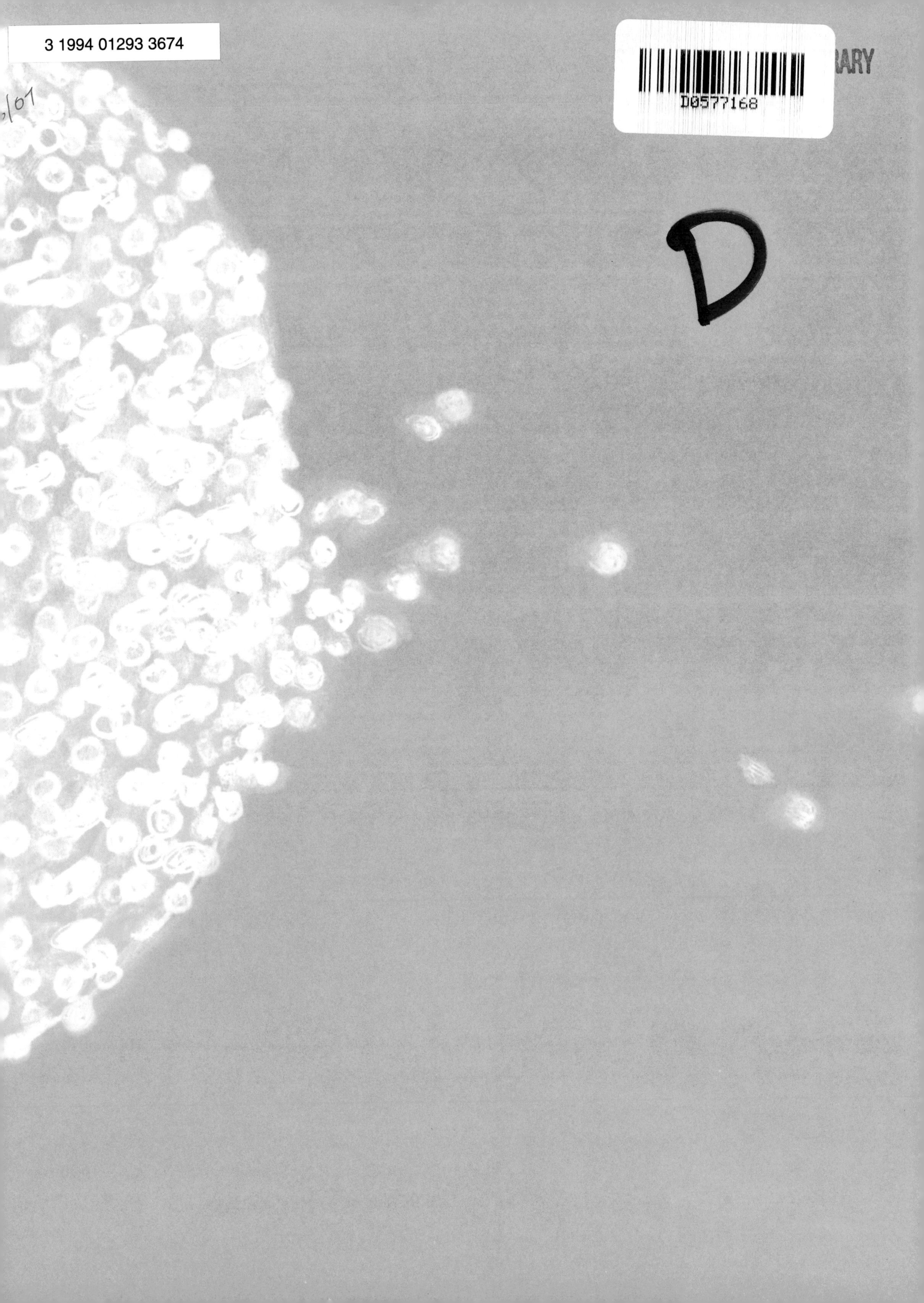

*Nathalie Bodin*

# URACHIMA
## El valiente

**Urachima el valiente**
Nathalie Bodin

Editorial SAURE
Polígono Industrial Goiain
C/ San Blas, nº11
01170 Legutiano (Álava)

Traductora: **Aurora Cuadrado Fernández**
Rotulación: David Alvez

Depósito legal : VI-75/04
I.S.B.N.: 84-95225-38-7

Impreso en Vitoria

"Esta obra se benefició del P.A.P. GARCIA LORCA, Programa de Publicación del
Servicio de Cooperación y de Acción Cultural de la Embajada de Francia en España
y del Ministerio francés de Asuntos Exteriores."

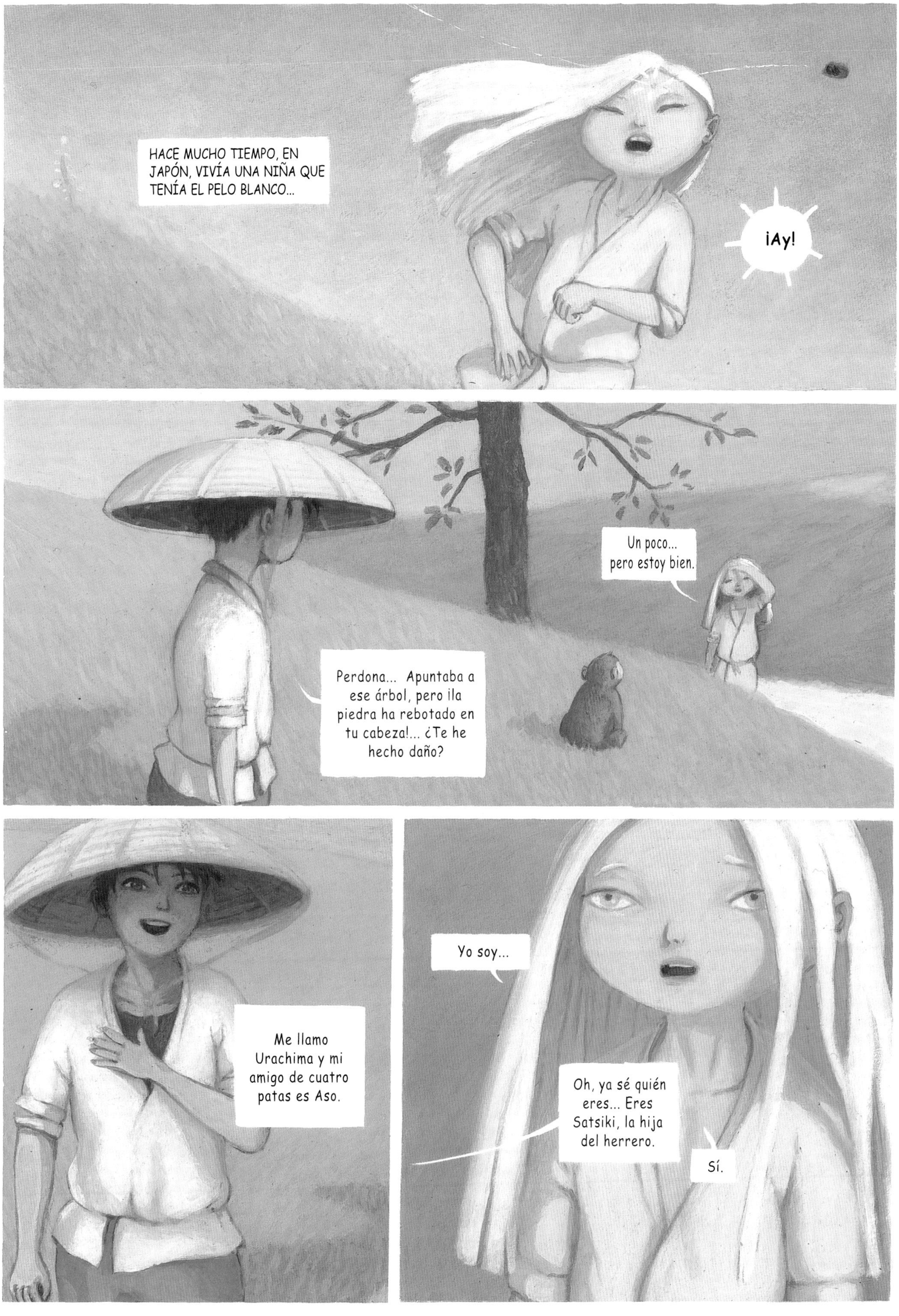
HACE MUCHO TIEMPO, EN JAPÓN, VIVÍA UNA NIÑA QUE TENÍA EL PELO BLANCO...
¡Ay!
Perdona... Apuntaba a ese árbol, pero ¡la piedra ha rebotado en tu cabeza!... ¿Te he hecho daño?
Un poco... pero estoy bien.
Me llamo Urachima y mi amigo de cuatro patas es Aso.
Yo soy...
Oh, ya sé quién eres... Eres Satsiki, la hija del herrero.
Sí.

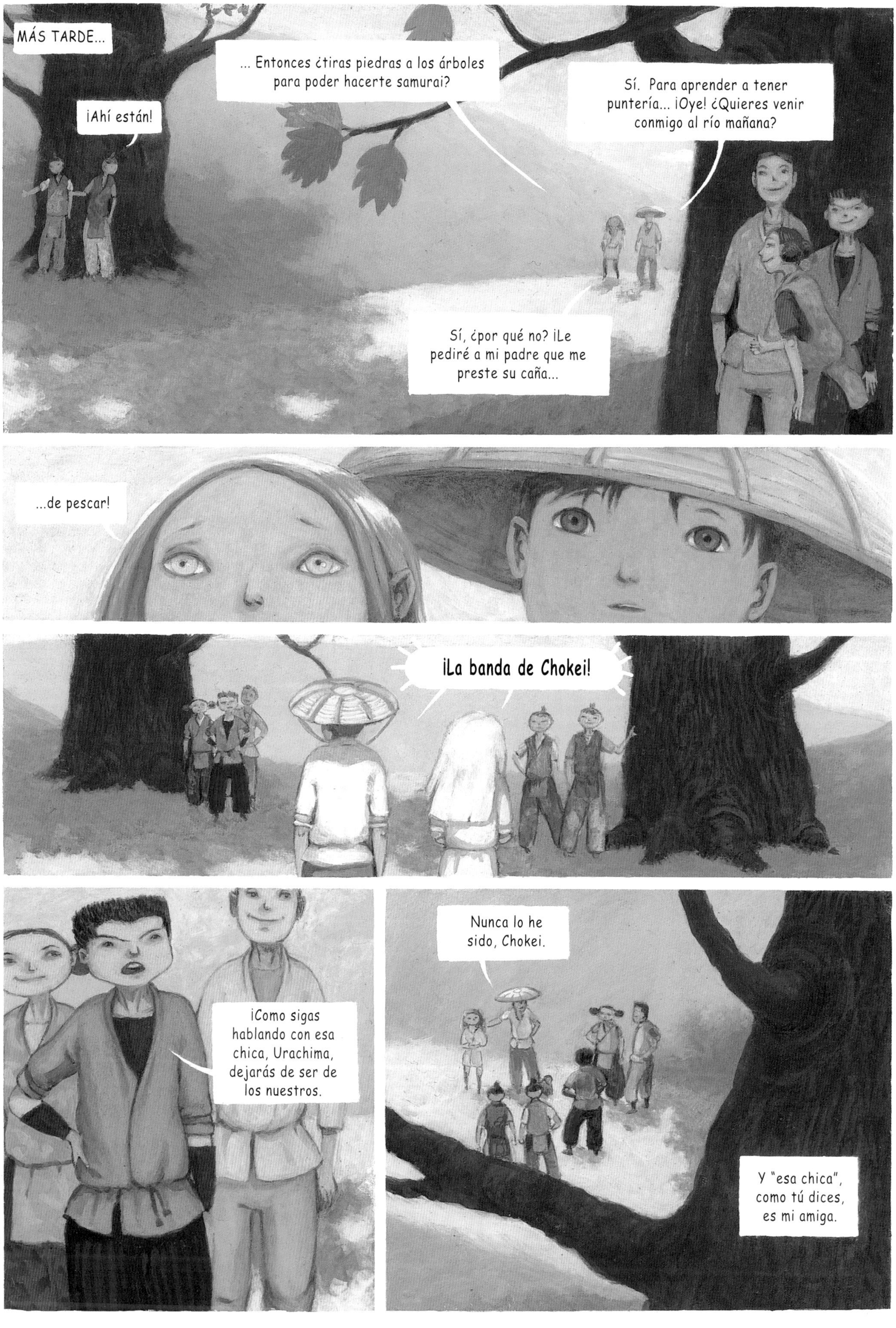
MÁS TARDE...
¡Ahí están!
... Entonces ¿tiras piedras a los árboles para poder hacerte samurai?
Sí. Para aprender a tener puntería... ¡Oye! ¿Quieres venir conmigo al río mañana?
Sí, ¿por qué no? ¡Le pediré a mi padre que me preste su caña...
...de pescar!
¡La banda de Chokei!
¡Como sigas hablando con esa chica, Urachima, dejarás de ser de los nuestros.
Nunca lo he sido, Chokei.
Y "esa chica", como tú dices, es mi amiga.

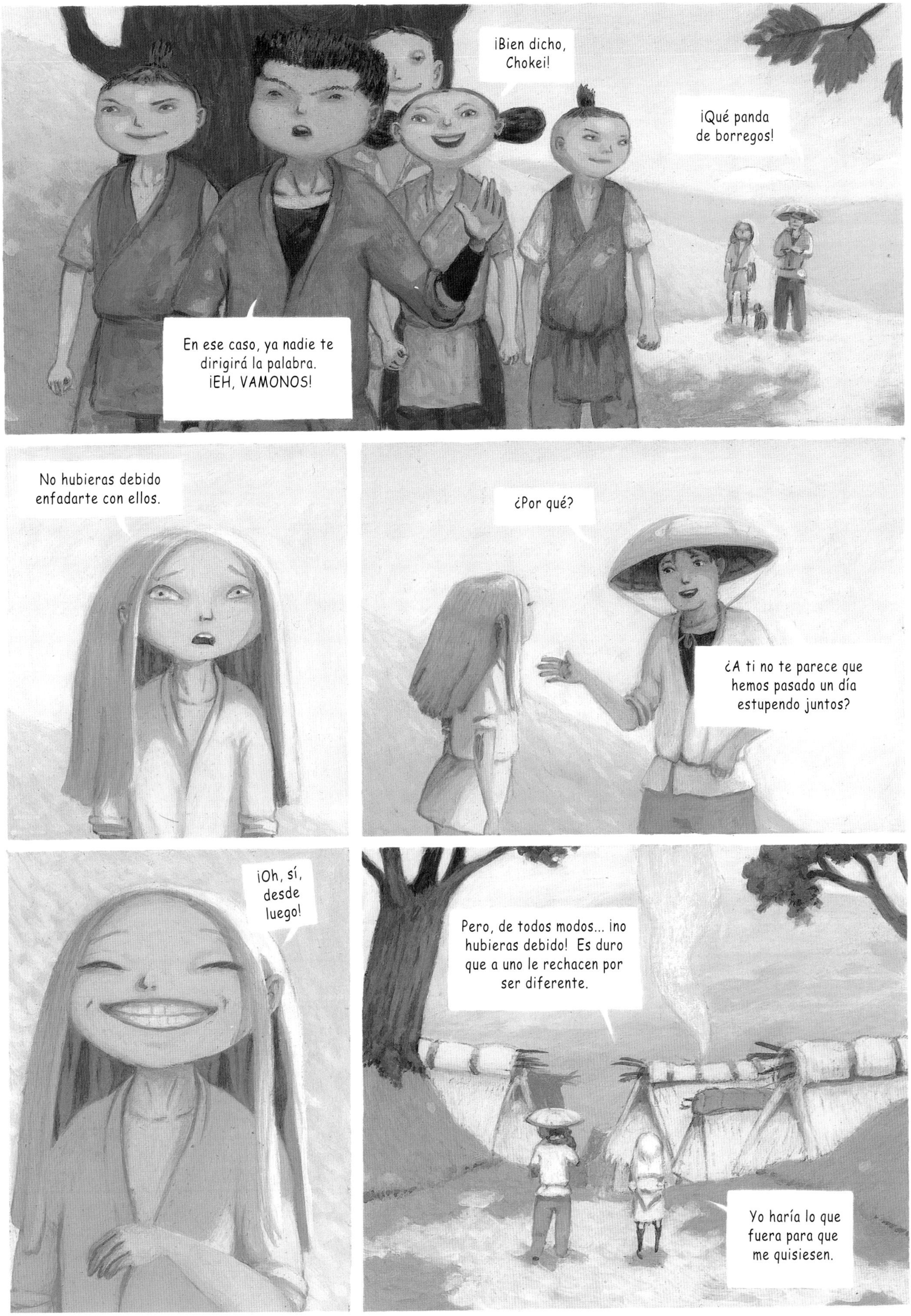
En ese caso, ya nadie te dirigirá la palabra. ¡EH, VAMONOS!
¡Bien dicho, Chokei!
¡Qué panda de borregos!
No hubieras debido enfadarte con ellos.
¿Por qué?
¿A ti no te parece que hemos pasado un día estupendo juntos?
¡Oh, sí, desde luego!
Pero, de todos modos... ¡no hubieras debido! Es duro que a uno le rechacen por ser diferente.
Yo haría lo que fuera para que me quisiesen.

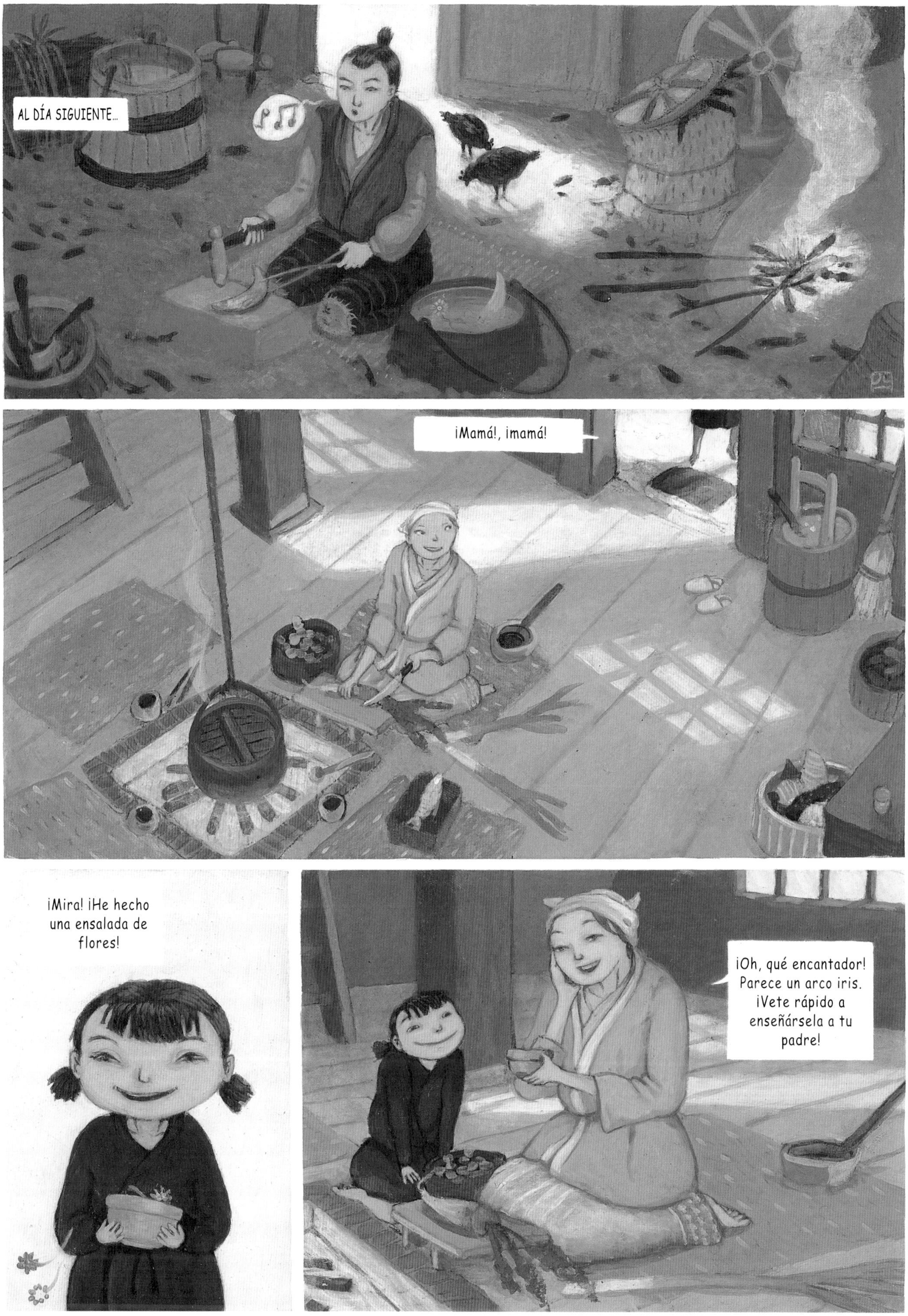
AL DÍA SIGUIENTE...
¡Mamá!, ¡mamá!
¡Mira! ¡He hecho una ensalada de flores!
¡Oh, qué encantador! Parece un arco iris. ¡Vete rápido a enseñársela a tu padre!

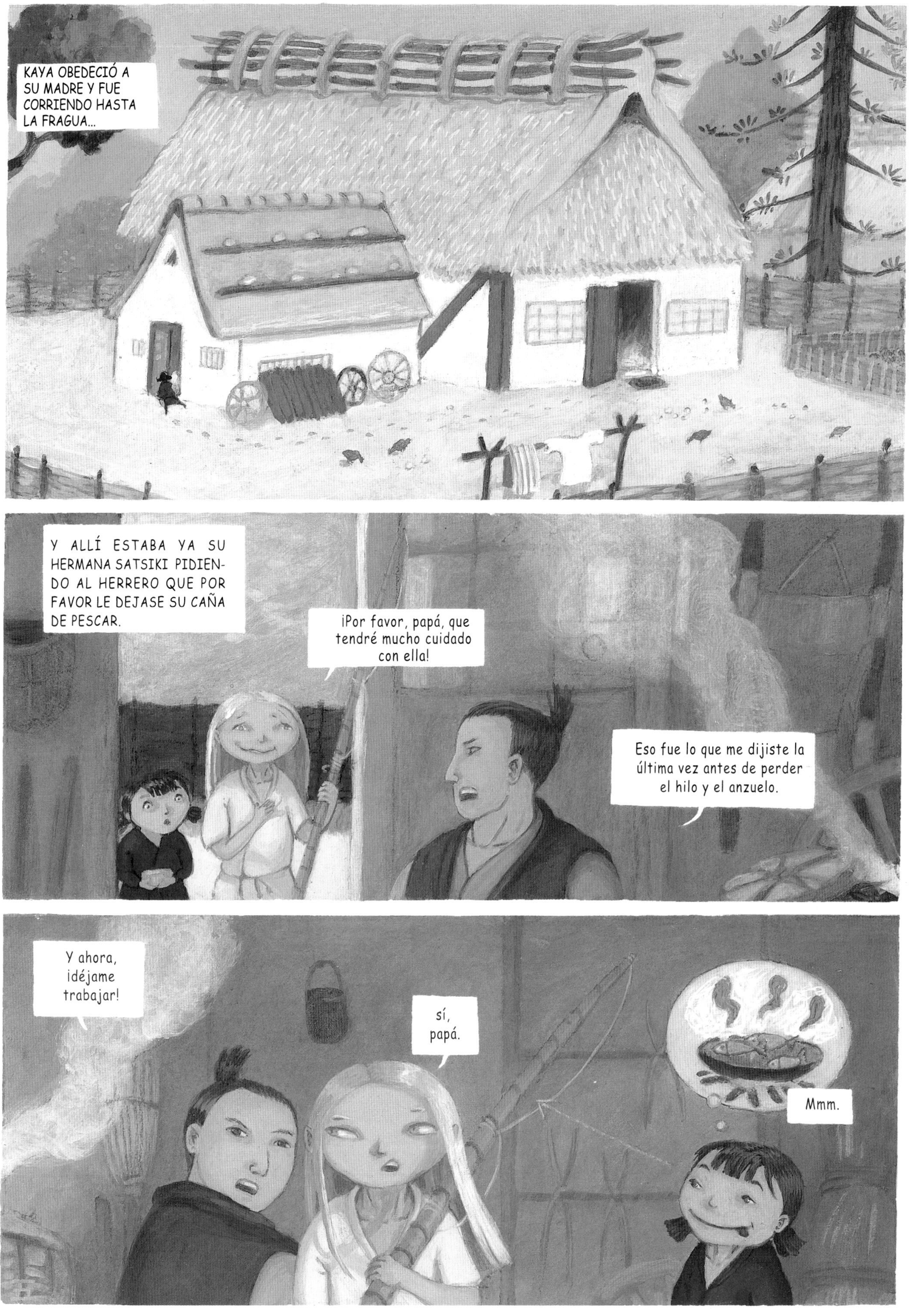
KAYA OBEDECIÓ A SU MADRE Y FUE CORRIENDO HASTA LA FRAGUA...
Y ALLÍ ESTABA YA SU HERMANA SATSIKI PIDIENDO AL HERRERO QUE POR FAVOR LE DEJASE SU CAÑA DE PESCAR.
¡Por favor, papá, que tendré mucho cuidado con ella!
Eso fue lo que me dijiste la última vez antes de perder el hilo y el anzuelo.
Y ahora, ¡déjame trabajar!
Sí, papá.
Mmm.

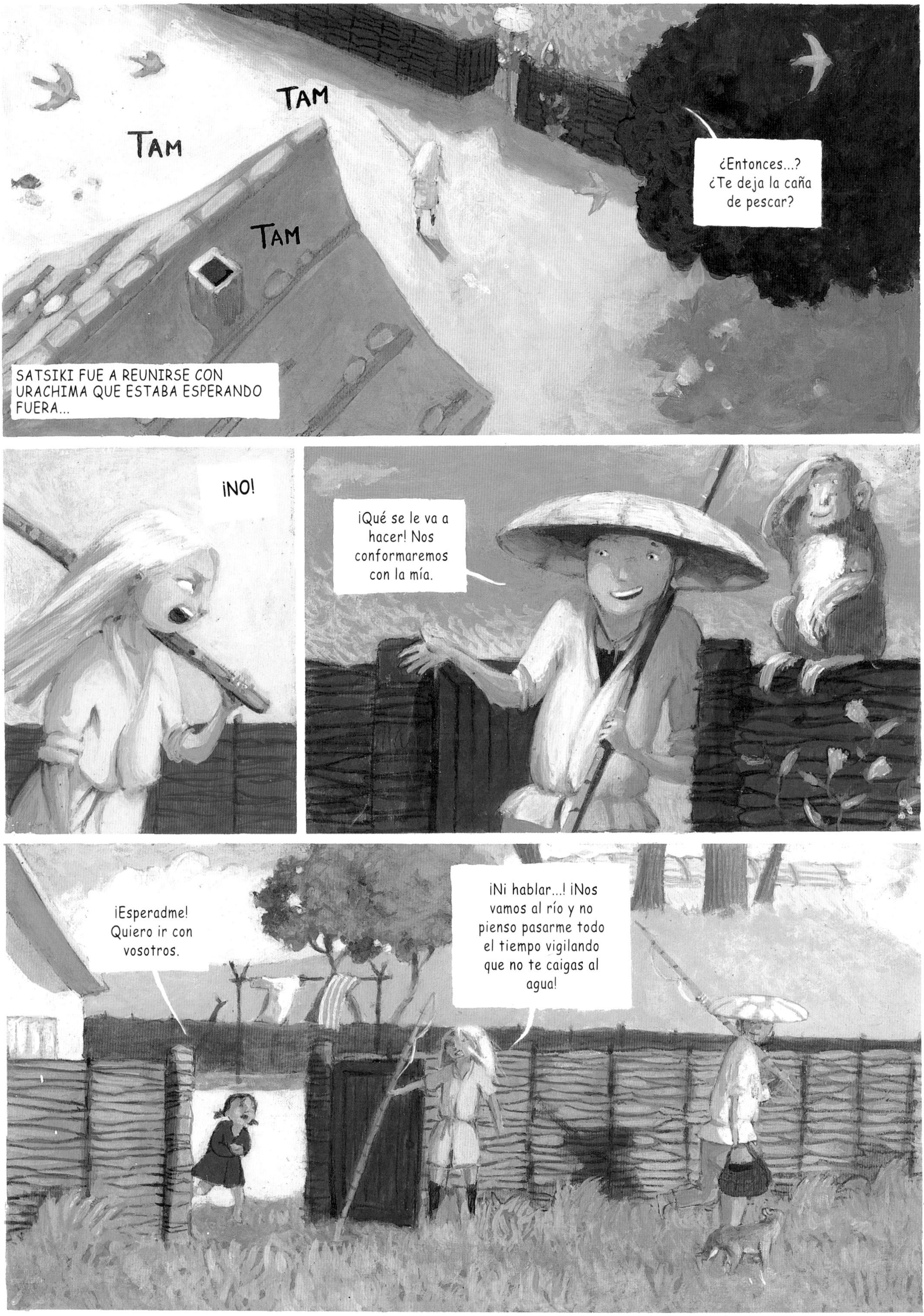
TAM
TAM
TAM
¿Entonces...? ¿Te deja la caña de pescar?
SATSIKI FUE A REUNIRSE CON URACHIMA QUE ESTABA ESPERANDO FUERA...
¡NO!
¡Qué se le va a hacer! Nos conformaremos con la mía.
¡Esperadme! Quiero ir con vosotros.
¡Ni hablar...! ¡Nos vamos al río y no pienso pasarme todo el tiempo vigilando que no te caigas al agua!

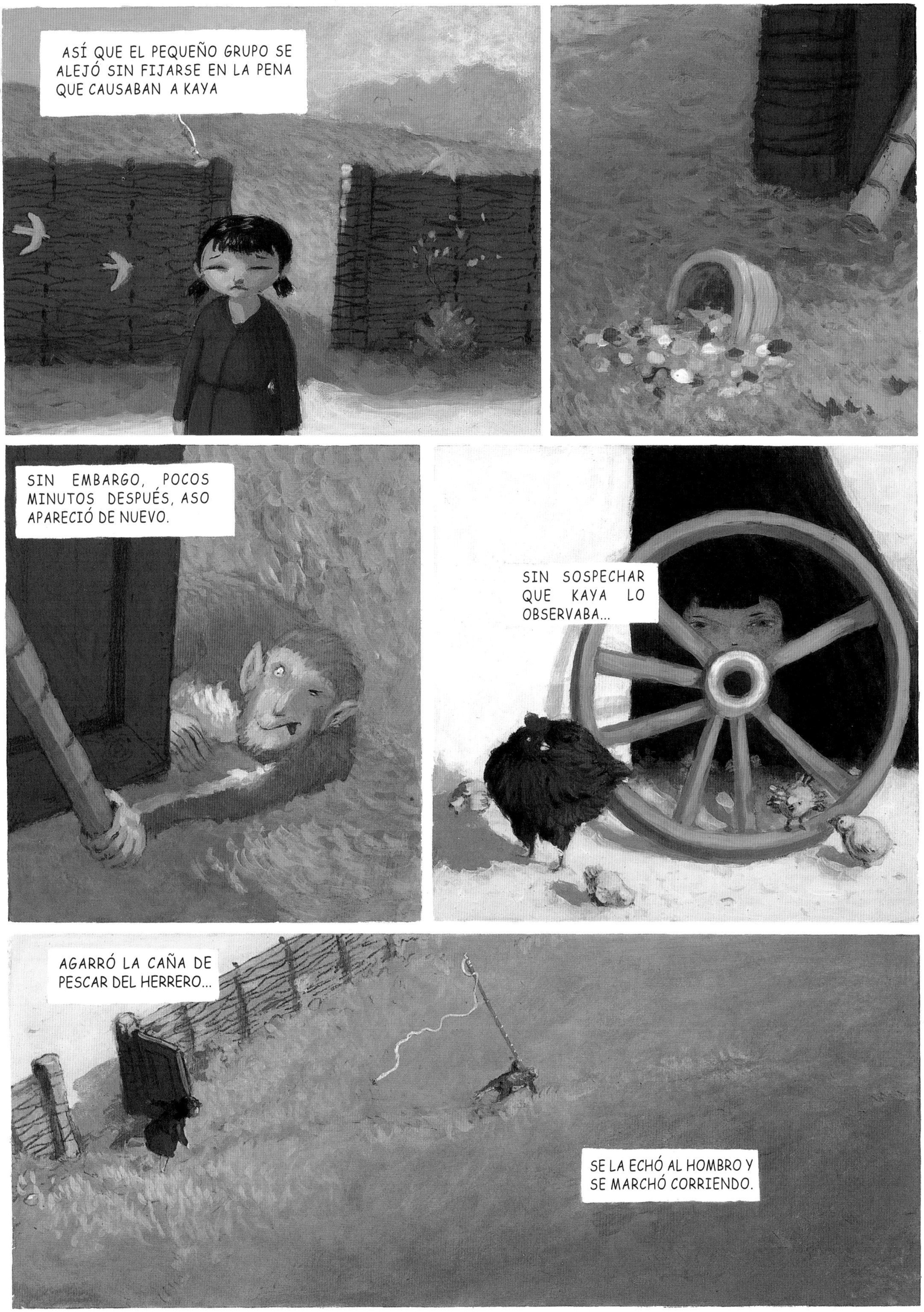
ASÍ QUE EL PEQUEÑO GRUPO SE ALEJÓ SIN FIJARSE EN LA PENA QUE CAUSABAN A KAYA
SIN EMBARGO, POCOS MINUTOS DESPUÉS, ASO APARECIÓ DE NUEVO.
SIN SOSPECHAR QUE KAYA LO OBSERVABA...
AGARRÓ LA CAÑA DE PESCAR DEL HERRERO...
SE LA ECHÓ AL HOMBRO Y SE MARCHÓ CORRIENDO.

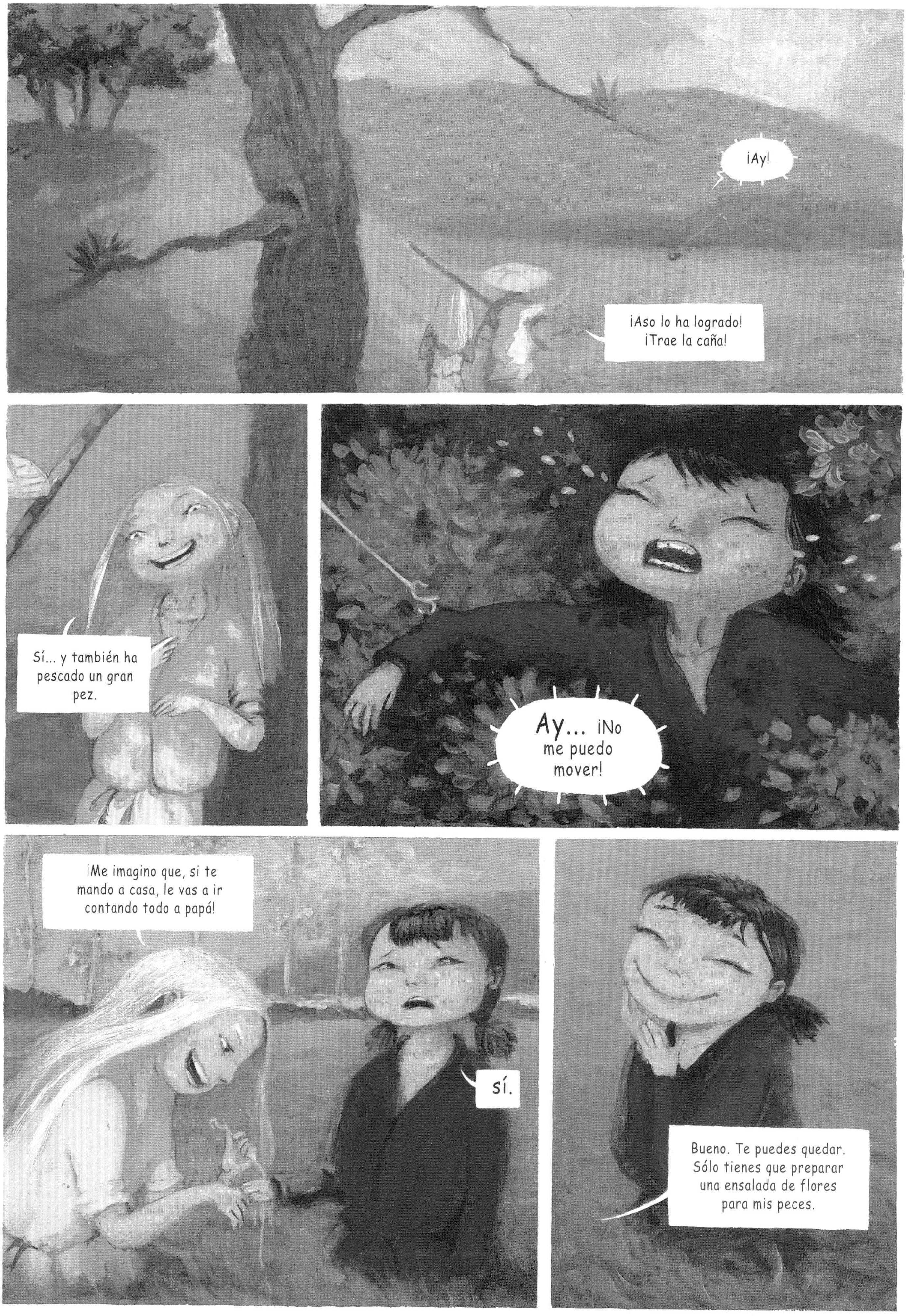
¡Ay!
¡Aso lo ha logrado! ¡Trae la caña!
Sí... y también ha pescado un gran pez.
Ay... ¡No me puedo mover!
¡Me imagino que, si te mando a casa, le vas a ir contando todo a papá!
Sí.
Bueno. Te puedes quedar. Sólo tienes que preparar una ensalada de flores para mis peces.

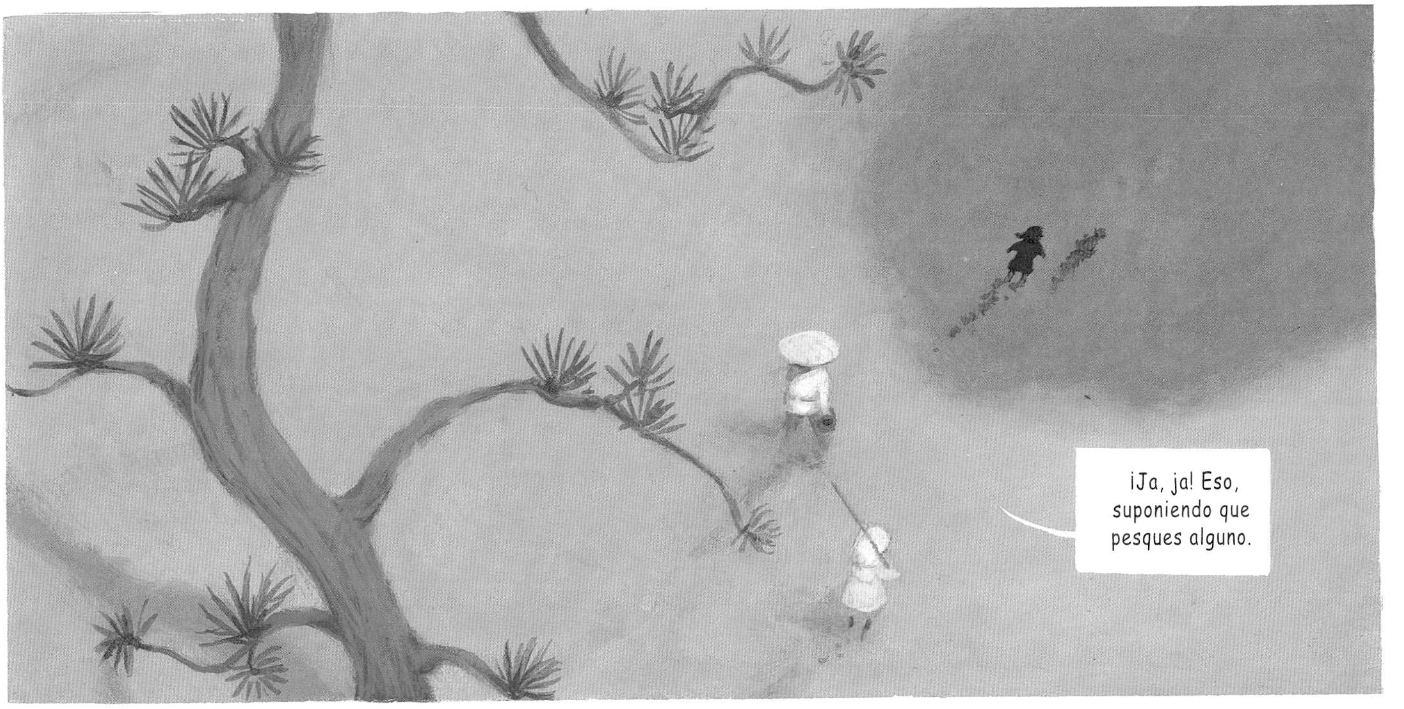
¡Ja, ja! Eso, suponiendo que pesques alguno.

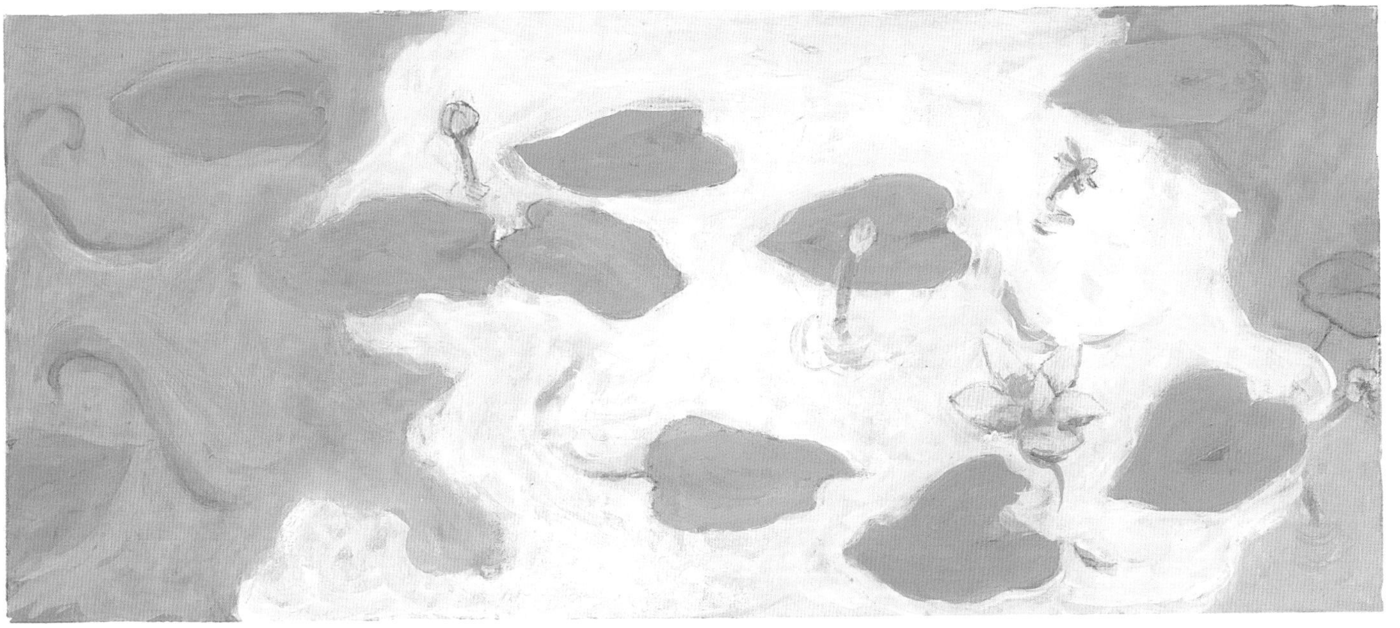

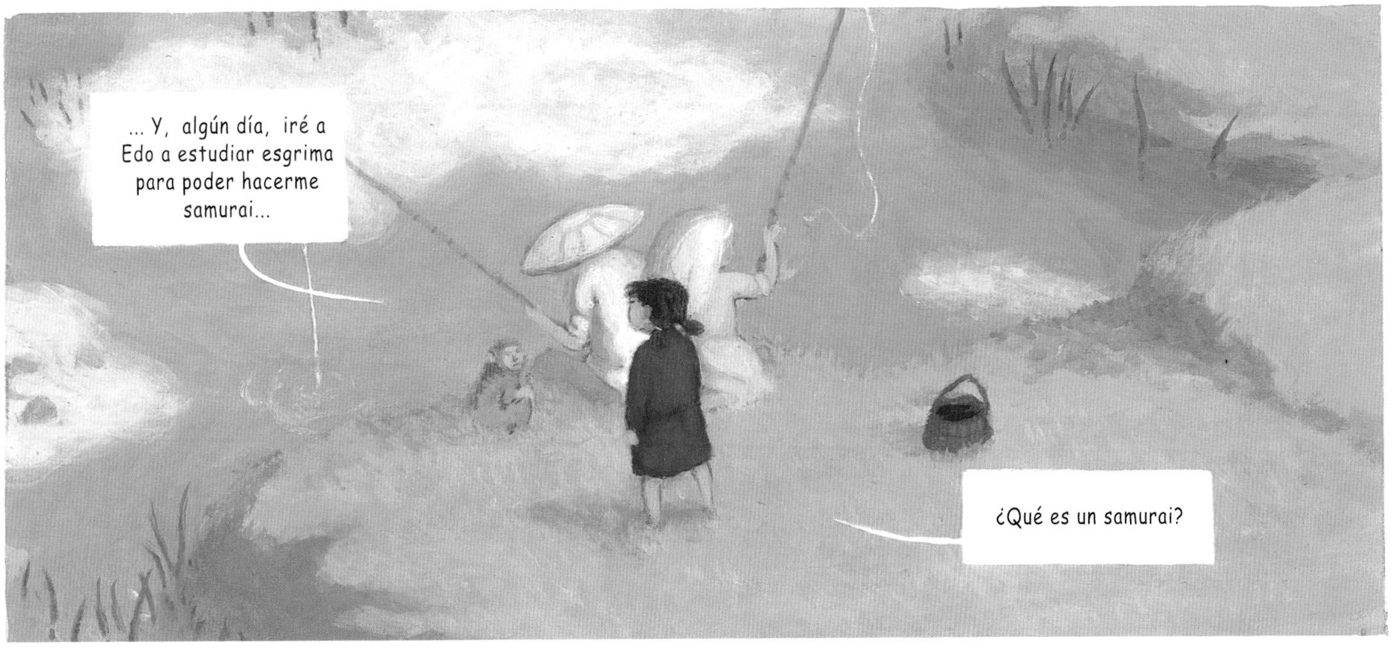
... Y, algún día, iré a Edo a estudiar esgrima para poder hacerme samurai...
¿Qué es un samurai?

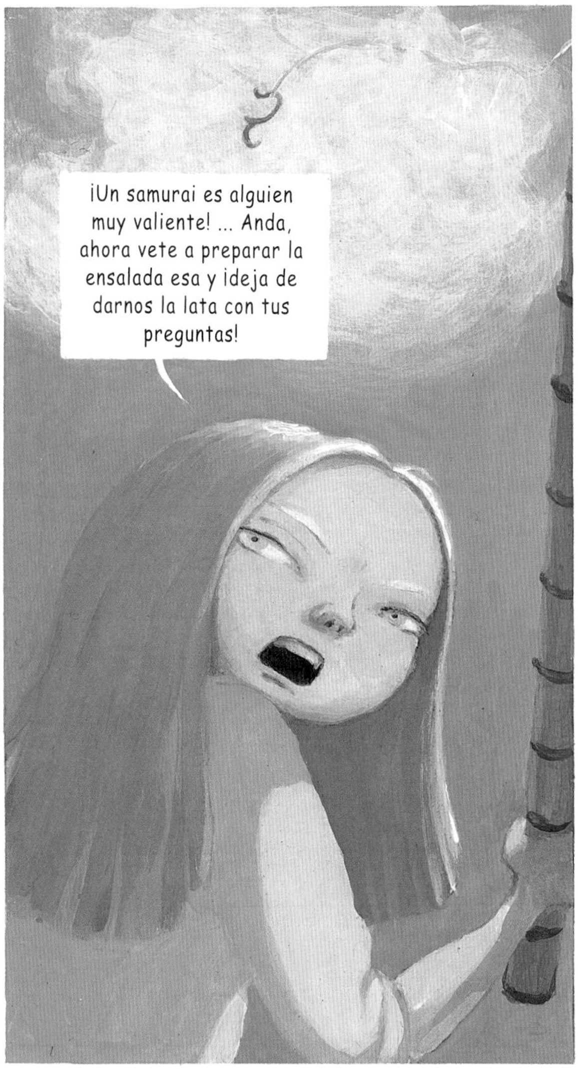
¡Un samurai es alguien muy valiente! ... Anda, ahora vete a preparar la ensalada esa y ¡deja de darnos la lata con tus preguntas!

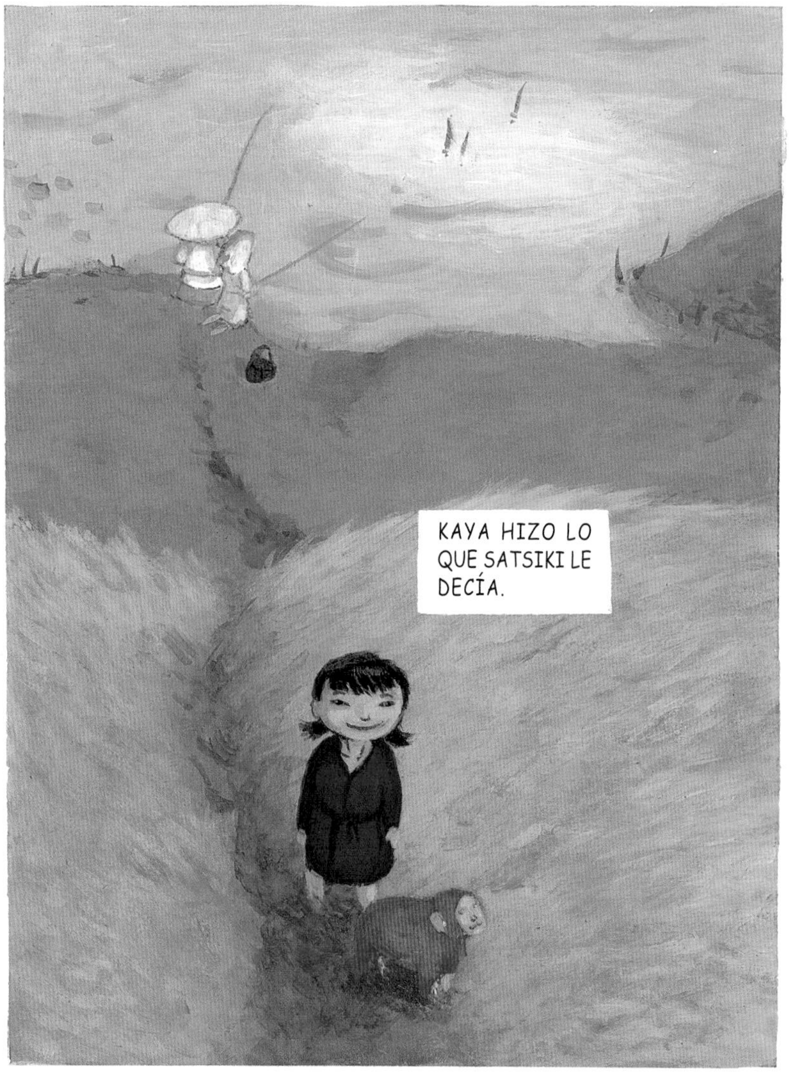
KAYA HIZO LO QUE SATSIKI LE DECÍA.

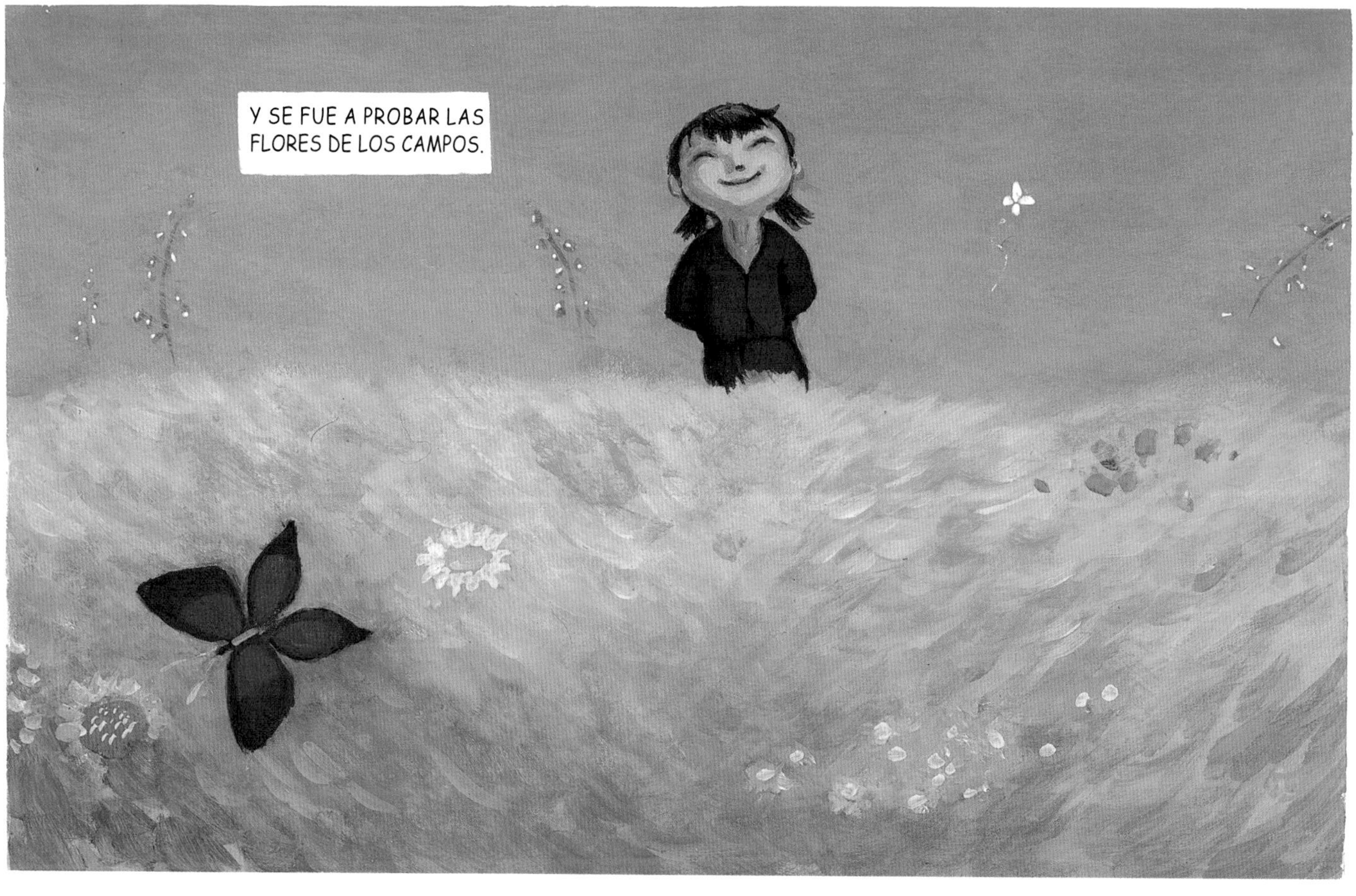
Y SE FUE A PROBAR LAS FLORES DE LOS CAMPOS.

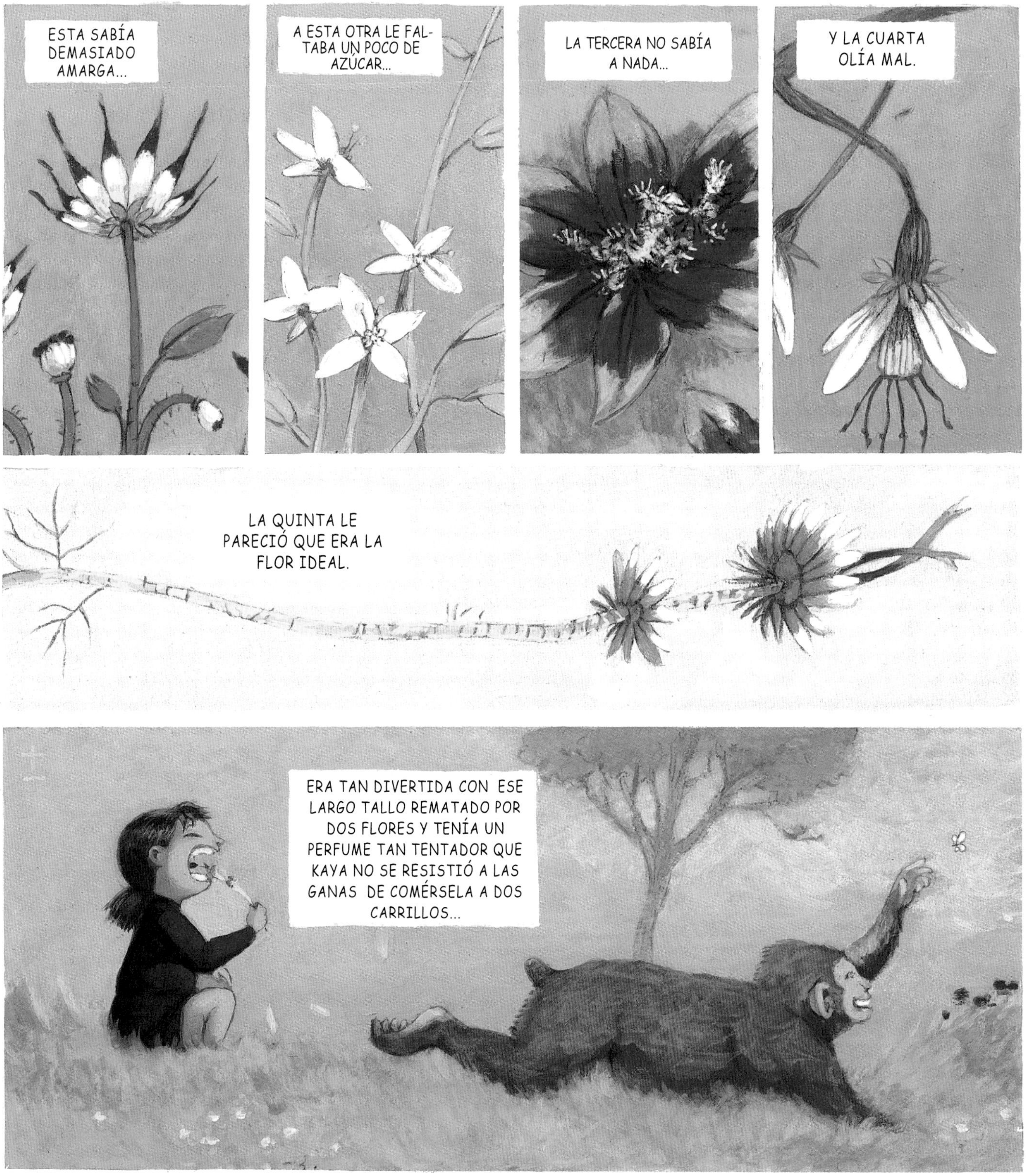
ESTA SABÍA DEMASIADO AMARGA...
A ESTA OTRA LE FALTABA UN POCO DE AZÚCAR...
LA TERCERA NO SABÍA A NADA...
Y LA CUARTA OLÍA MAL.
LA QUINTA LE PARECIÓ QUE ERA LA FLOR IDEAL.
ERA TAN DIVERTIDA CON ESE LARGO TALLO REMATADO POR DOS FLORES Y TENÍA UN PERFUME TAN TENTADOR QUE KAYA NO SE RESISTIÓ A LAS GANAS DE COMÉRSELA A DOS CARRILLOS...

Y, ENTONCES, SUCEDIÓ
ALGO EXTRAÑO...

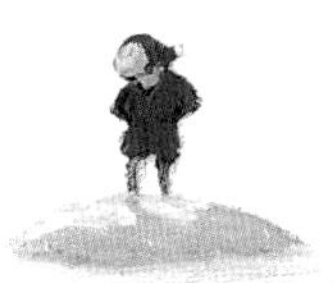

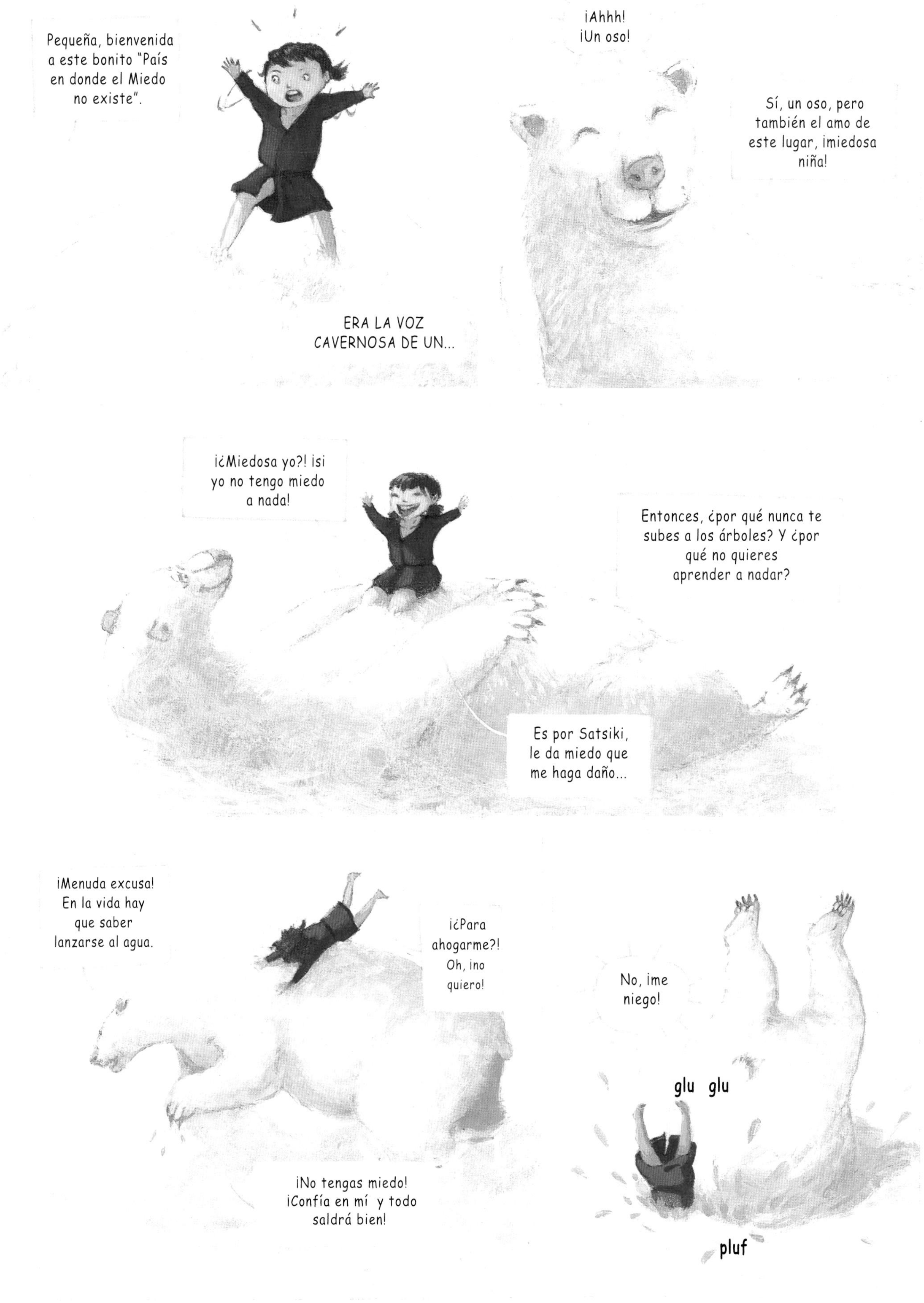
Pequeña, bienvenida a este bonito "País en donde el Miedo no existe".
ERA LA VOZ CAVERNOSA DE UN...
¡Ahhh! ¡Un oso!
Sí, un oso, pero también el amo de este lugar, ¡miedosa niña!
¡¿Miedosa yo?! ¡si yo no tengo miedo a nada!
Entonces, ¿por qué nunca te subes a los árboles? Y ¿por qué no quieres aprender a nadar?
Es por Satsiki, le da miedo que me haga daño...
¡Menuda excusa! En la vida hay que saber lanzarse al agua.
¡¿Para ahogarme?! Oh, ¡no quiero!
¡No tengas miedo! ¡Confía en mí y todo saldrá bien!
No, ¡me niego!
glu glu
pluf

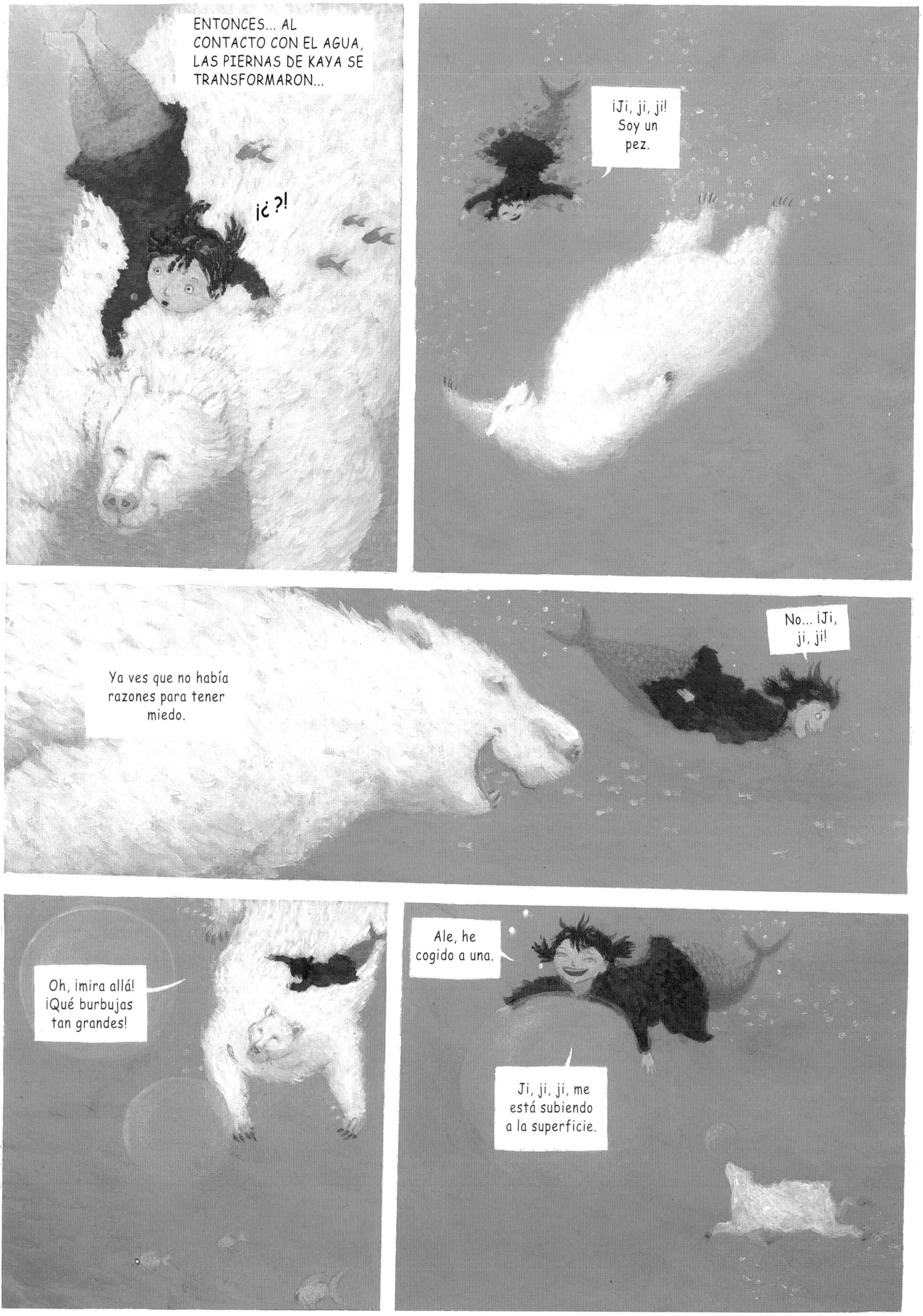
ENTONCES... AL CONTACTO CON EL AGUA, LAS PIERNAS DE KAYA SE TRANSFORMARON...
¡¿?!
¡Ji, ji, ji! Soy un pez.
Ya ves que no había razones para tener miedo.
No... ¡Ji, ji, ji!
Oh, ¡mira allá! ¡Qué burbujas tan grandes!
Ale, he cogido a una.
Ji, ji, ji, me está subiendo a la superficie.

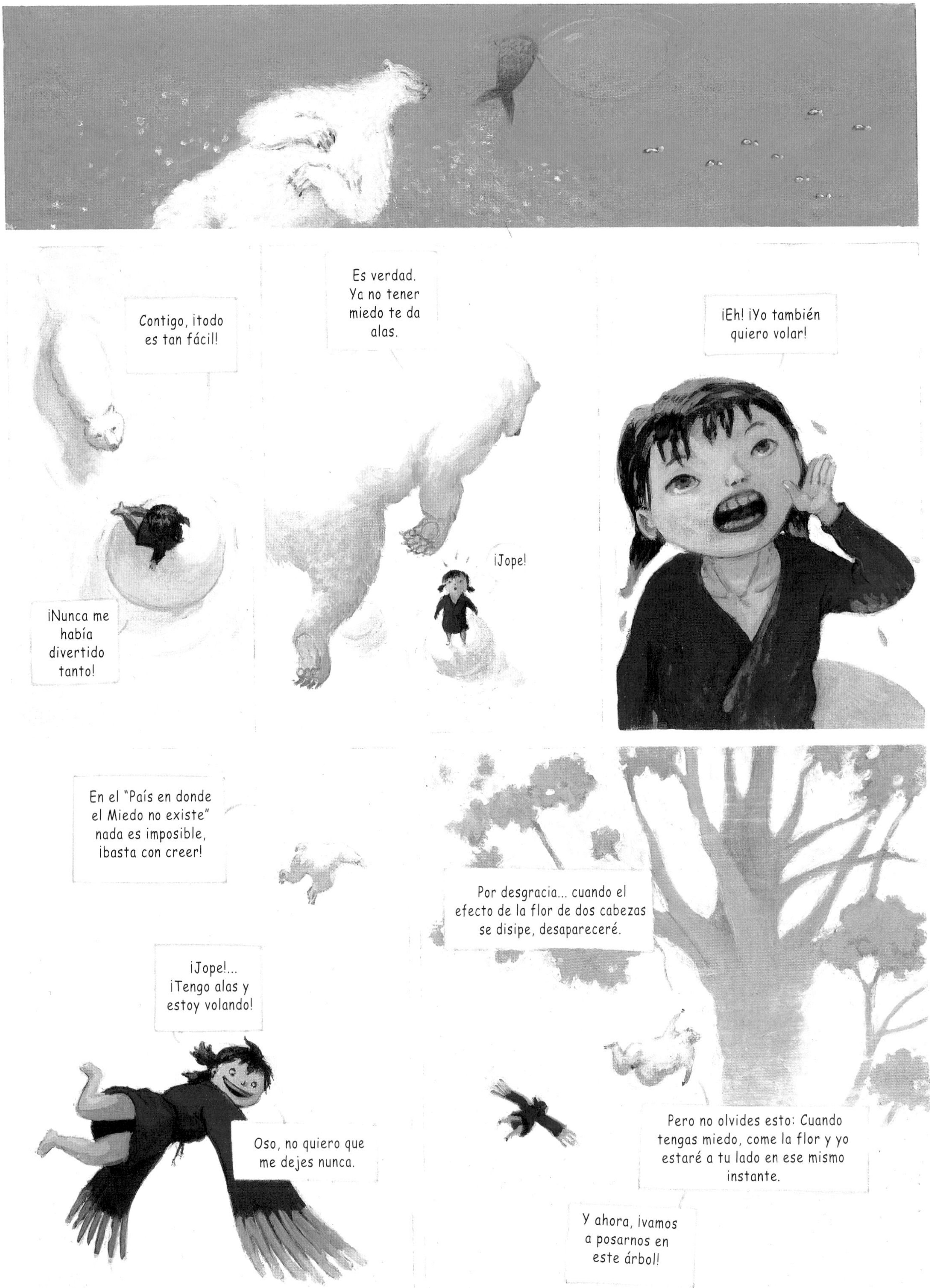
Contigo, ¡todo es tan fácil!
¡Nunca me había divertido tanto!
Es verdad. Ya no tener miedo te da alas.
¡Jope!
¡Eh! ¡Yo también quiero volar!
En el "País en donde el Miedo no existe" nada es imposible, ¡basta con creer!
¡Jope!... ¡Tengo alas y estoy volando!
Oso, no quiero que me dejes nunca.
Por desgracia... cuando el efecto de la flor de dos cabezas se disipe, desapareceré.
Pero no olvides esto: Cuando tengas miedo, come la flor y yo estaré a tu lado en ese mismo instante.
Y ahora, ¡vamos a posarnos en este árbol!

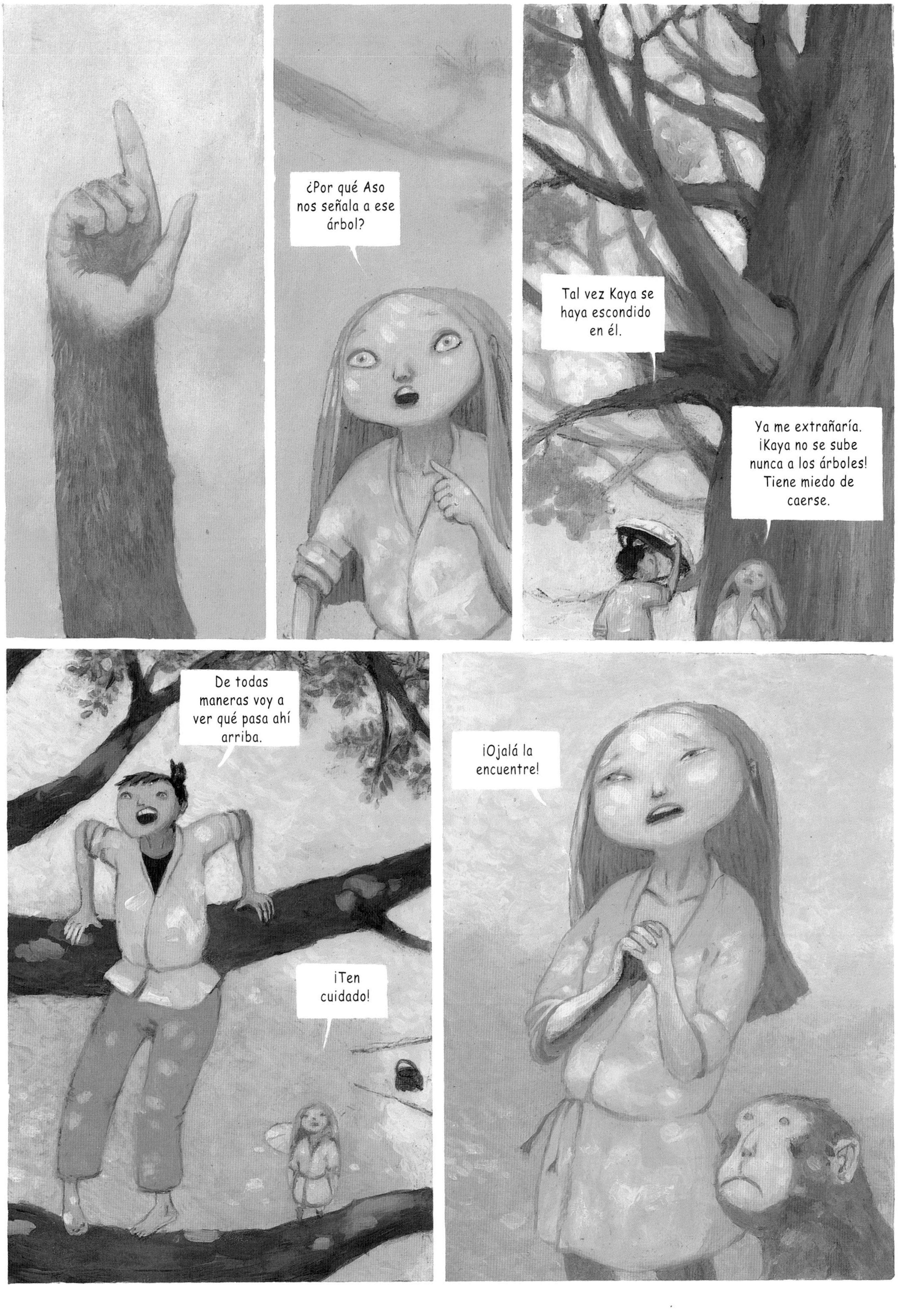
¿Por qué Aso nos señala a ese árbol?
Tal vez Kaya se haya escondido en él.
Ya me extrañaría. ¡Kaya no se sube nunca a los árboles! Tiene miedo de caerse.
De todas maneras voy a ver qué pasa ahí arriba.
¡Ten cuidado!
¡Ojalá la encuentre!

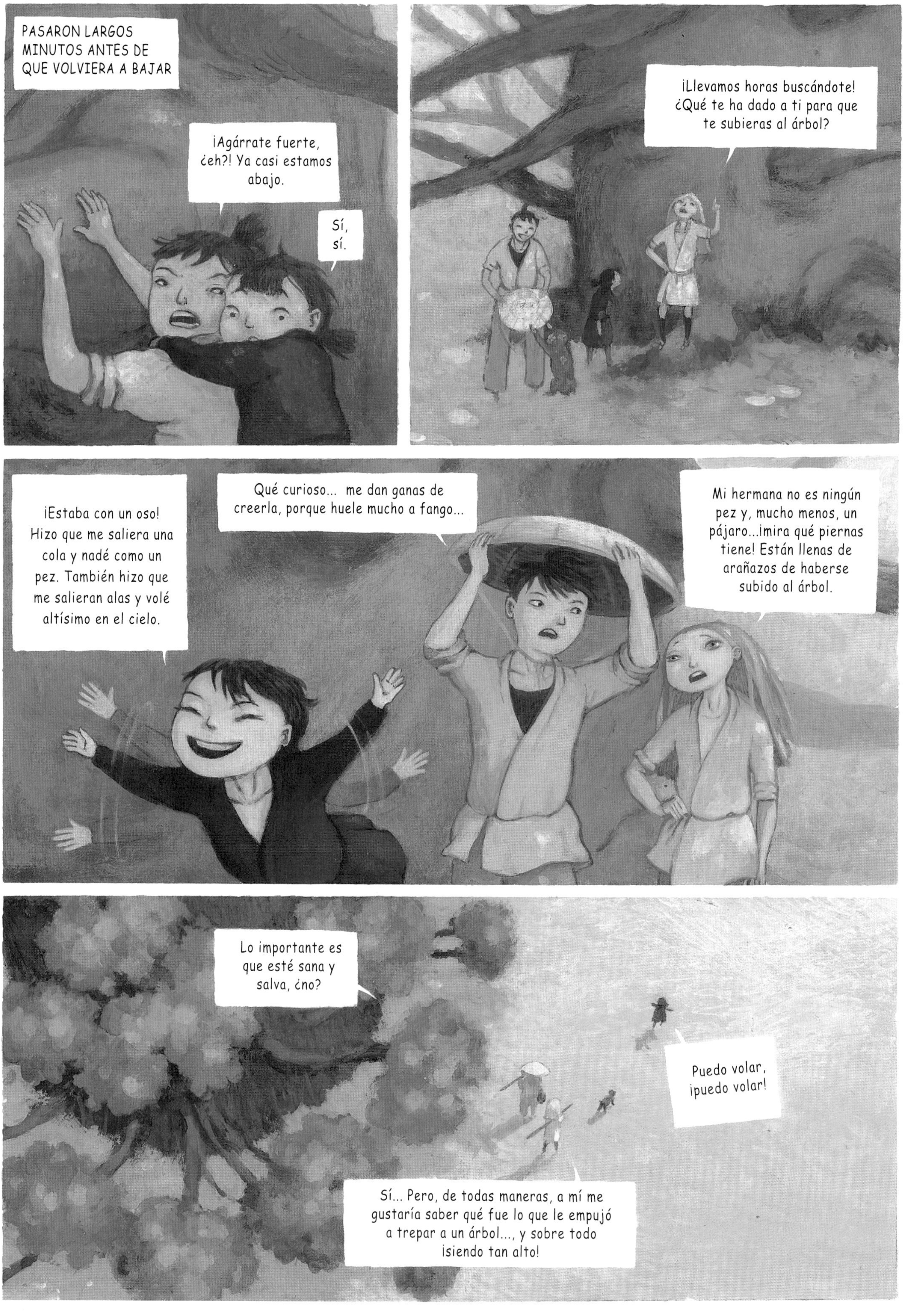
PASARON LARGOS MINUTOS ANTES DE QUE VOLVIERA A BAJAR
¡Agárrate fuerte, ¿eh?! Ya casi estamos abajo.
Sí, sí.
¡Llevamos horas buscándote! ¿Qué te ha dado a ti para que te subieras al árbol?
¡Estaba con un oso! Hizo que me saliera una cola y nadé como un pez. También hizo que me salieran alas y volé altísimo en el cielo.
Qué curioso... me dan ganas de creerla, porque huele mucho a fango...
Mi hermana no es ningún pez y, mucho menos, un pájaro...¡mira qué piernas tiene! Están llenas de arañazos de haberse subido al árbol.
Lo importante es que esté sana y salva, ¿no?
Puedo volar, ¡puedo volar!
Sí... Pero, de todas maneras, a mí me gustaría saber qué fue lo que le empujó a trepar a un árbol..., y sobre todo ¡siendo tan alto!

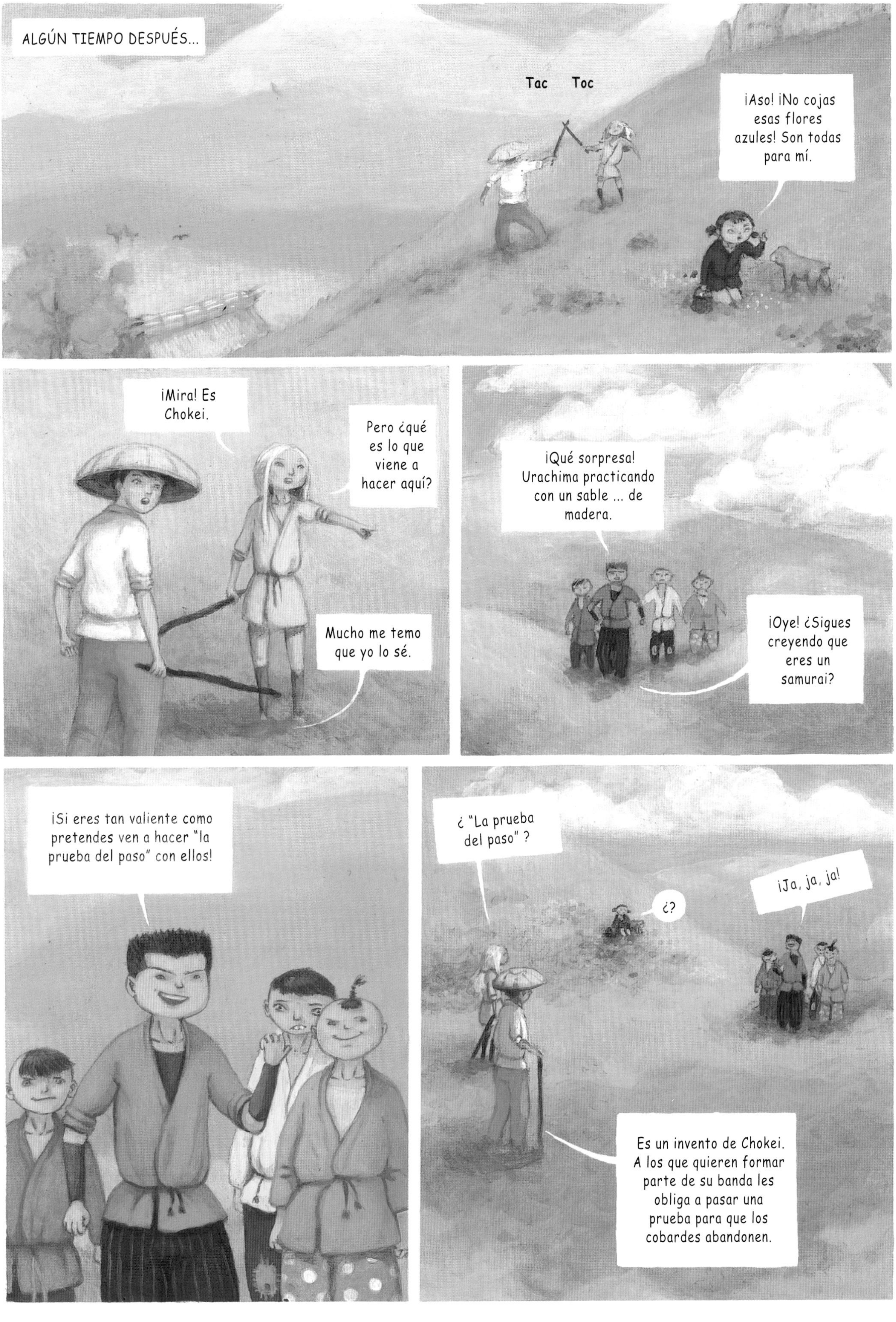
ALGÚN TIEMPO DESPUÉS...
Tac Toc
¡Aso! ¡No cojas esas flores azules! Son todas para mí.
¡Mira! Es Chokei.
Pero ¿qué es lo que viene a hacer aquí?
Mucho me temo que yo lo sé.
¡Qué sorpresa! Urachima practicando con un sable ... de madera.
¡Oye! ¿Sigues creyendo que eres un samurai?
¡Si eres tan valiente como pretendes ven a hacer "la prueba del paso" con ellos!
¿ "La prueba del paso" ?
¿?
¡Ja, ja, ja!
Es un invento de Chokei. A los que quieren formar parte de su banda les obliga a pasar una prueba para que los cobardes abandonen.

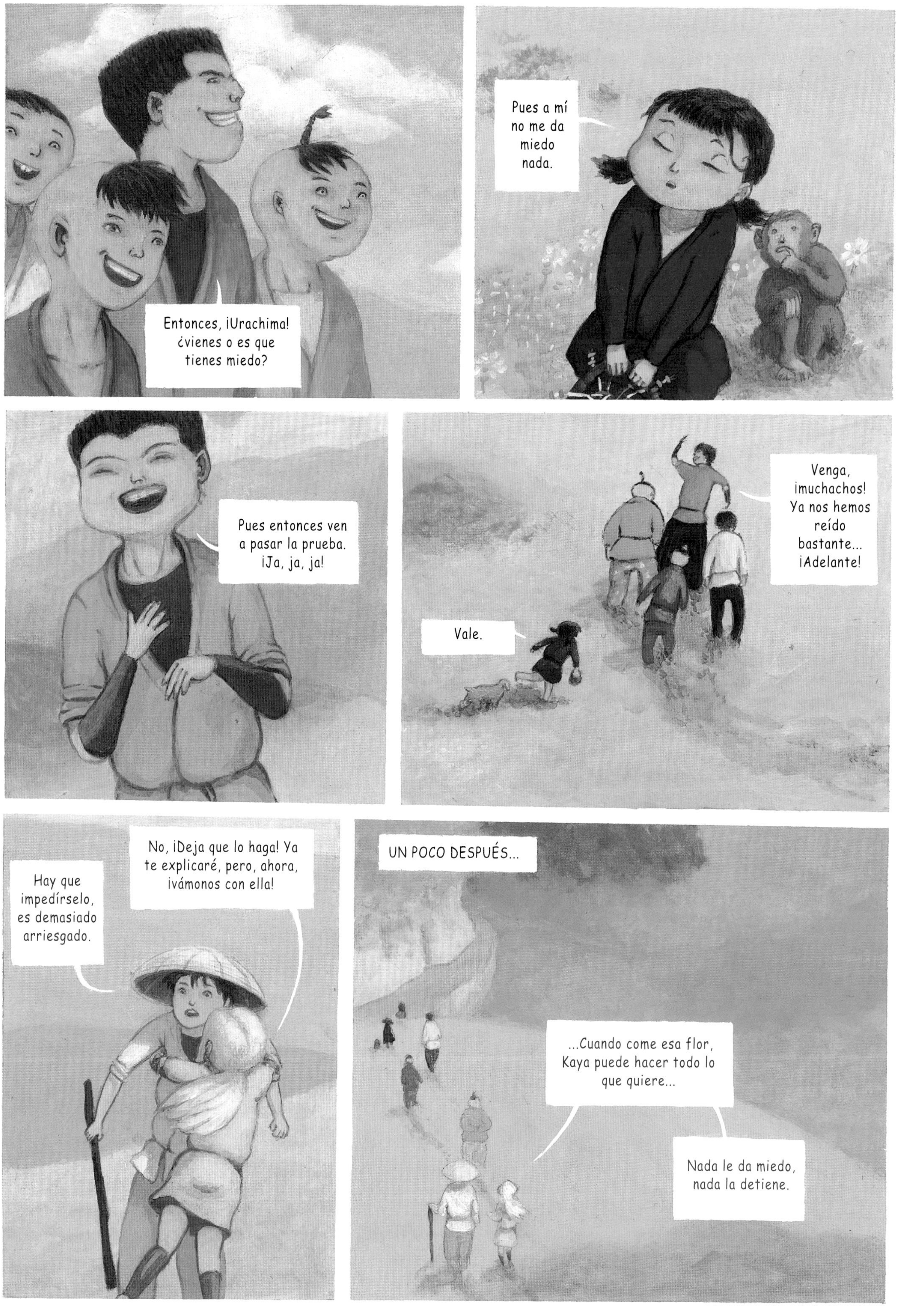
Entonces, ¡Urachima! ¿vienes o es que tienes miedo?
Pues a mí no me da miedo nada.
Pues entonces ven a pasar la prueba. ¡Ja, ja, ja!
Venga, ¡muchachos! Ya nos hemos reído bastante... ¡Adelante!
Vale.
Hay que impedírselo, es demasiado arriesgado.
No, ¡Deja que lo haga! Ya te explicaré, pero, ahora, ¡vámonos con ella!
UN POCO DESPUÉS...
...Cuando come esa flor, Kaya puede hacer todo lo que quiere...
Nada le da miedo, nada la detiene.

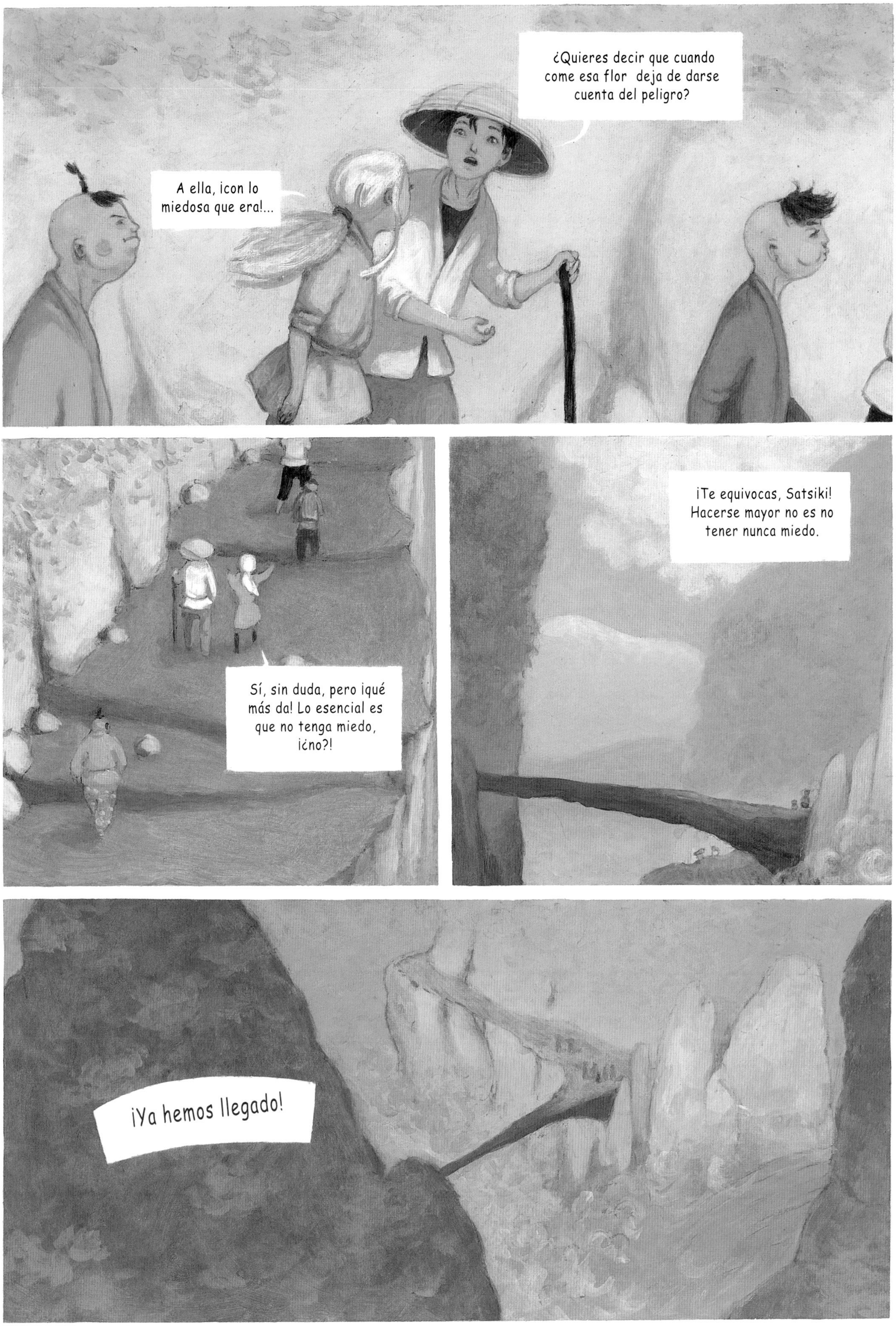
¿Quieres decir que cuando come esa flor deja de darse cuenta del peligro?
A ella, ¡con lo miedosa que era!...
Sí, sin duda, pero ¡qué más da! Lo esencial es que no tenga miedo, ¡¿no?!
¡Te equivocas, Satsiki! Hacerse mayor no es no tener nunca miedo.
¡Ya hemos llegado!

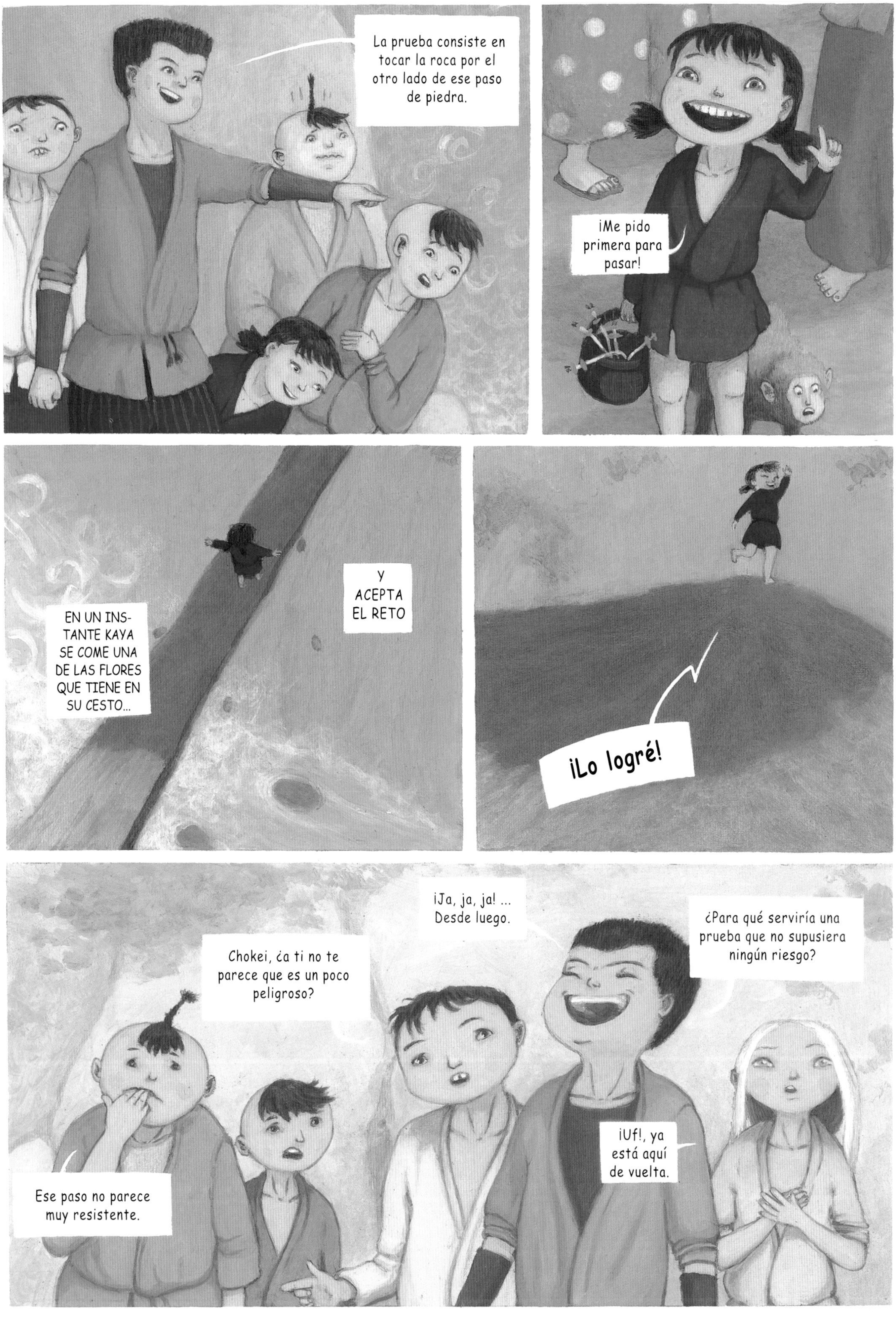
La prueba consiste en tocar la roca por el otro lado de ese paso de piedra.
¡Me pido primera para pasar!
EN UN INSTANTE KAYA SE COME UNA DE LAS FLORES QUE TIENE EN SU CESTO...
Y ACEPTA EL RETO
¡Lo logré!
Ese paso no parece muy resistente.
Chokei, ¿a ti no te parece que es un poco peligroso?
¡Ja, ja, ja! ... Desde luego.
¿Para qué serviría una prueba que no supusiera ningún riesgo?
¡Uf!, ya está aquí de vuelta.

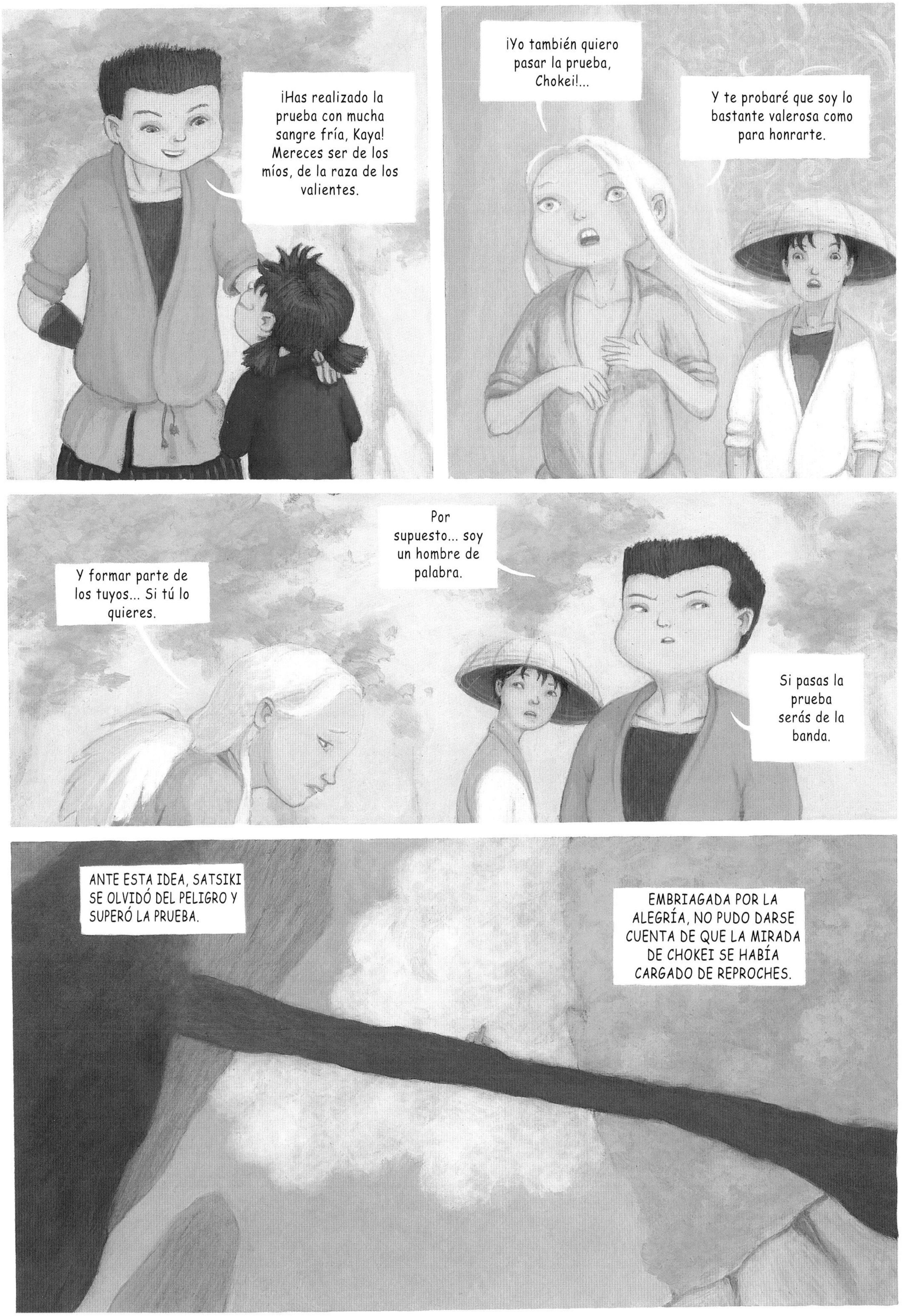
¡Has realizado la prueba con mucha sangre fría, Kaya! Mereces ser de los míos, de la raza de los valientes.
¡Yo también quiero pasar la prueba, Chokei!...
Y te probaré que soy lo bastante valerosa como para honrarte.
Y formar parte de los tuyos... Si tú lo quieres.
Por supuesto... soy un hombre de palabra.
Si pasas la prueba serás de la banda.
ANTE ESTA IDEA, SATSIKI SE OLVIDÓ DEL PELIGRO Y SUPERÓ LA PRUEBA.
EMBRIAGADA POR LA ALEGRÍA, NO PUDO DARSE CUENTA DE QUE LA MIRADA DE CHOKEI SE HABÍA CARGADO DE REPROCHES.

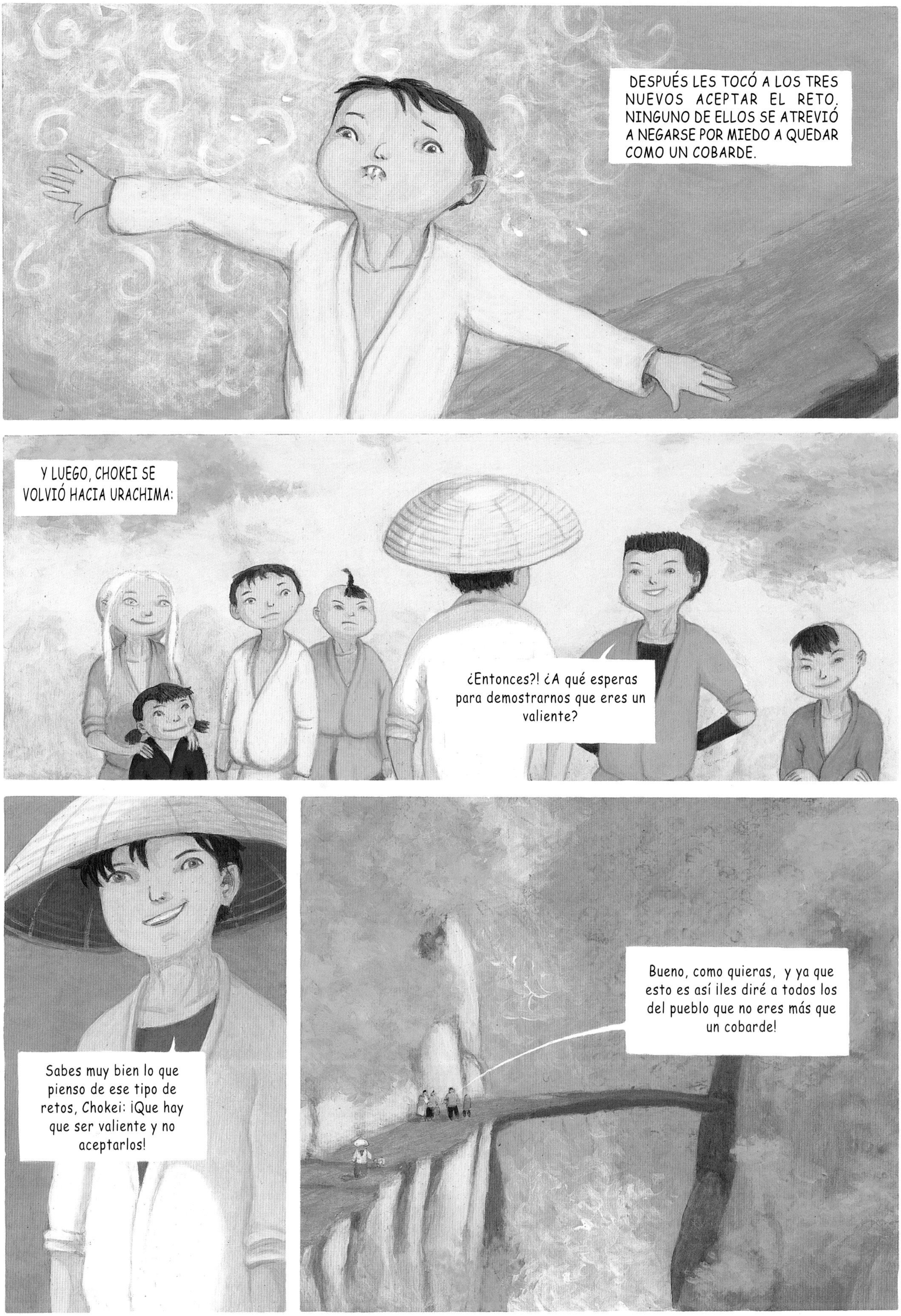
DESPUÉS LES TOCÓ A LOS TRES NUEVOS ACEPTAR EL RETO. NINGUNO DE ELLOS SE ATREVIÓ A NEGARSE POR MIEDO A QUEDAR COMO UN COBARDE.
Y LUEGO, CHOKEI SE VOLVIÓ HACIA URACHIMA:
¿Entonces?! ¿A qué esperas para demostrarnos que eres un valiente?
Sabes muy bien lo que pienso de ese tipo de retos, Chokei: ¡Que hay que ser valiente y no aceptarlos!
Bueno, como quieras, y ya que esto es así ¡les diré a todos los del pueblo que no eres más que un cobarde!

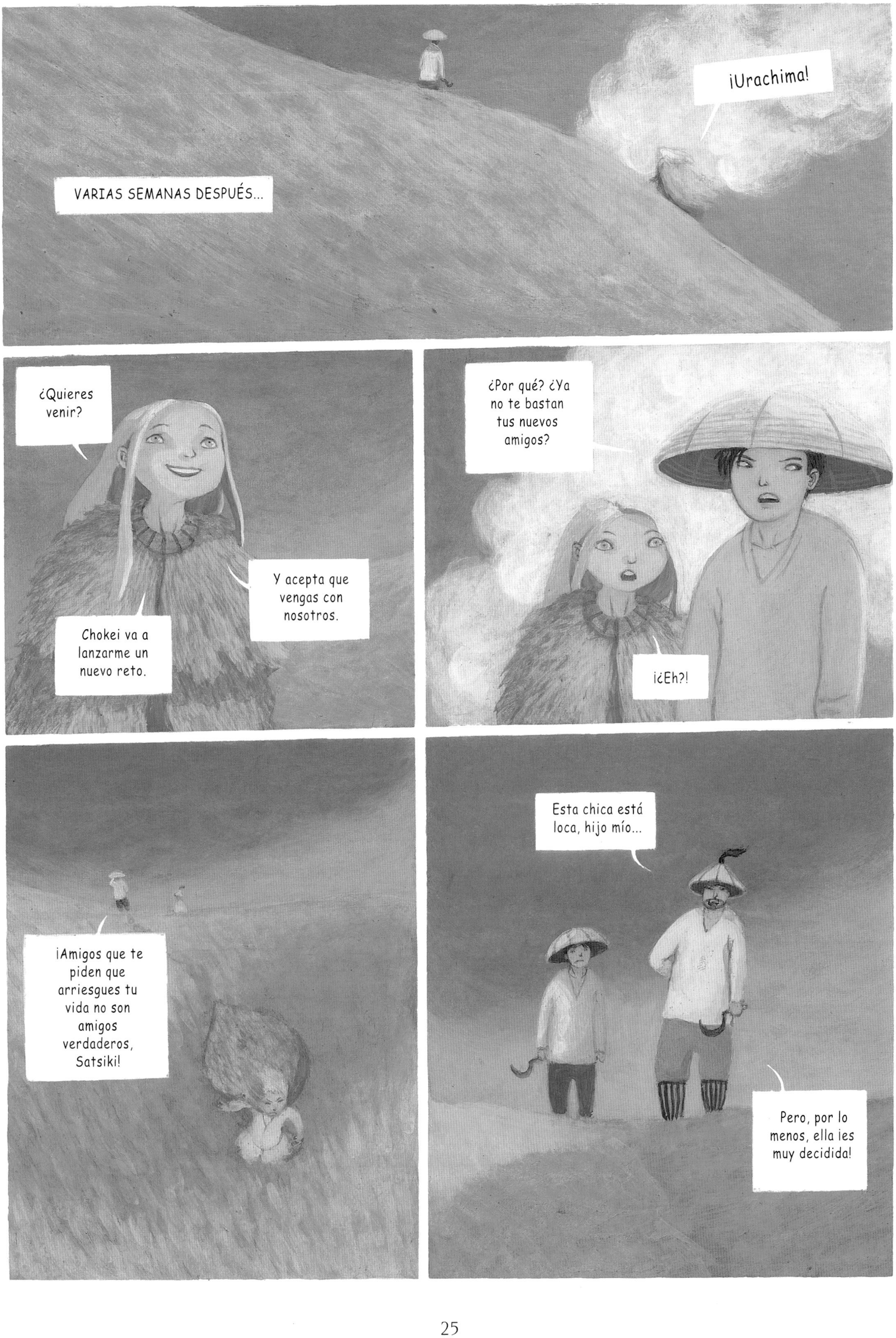
VARIAS SEMANAS DESPUÉS...
¡Urachima!
¿Quieres venir?
Chokei va a lanzarme un nuevo reto.
Y acepta que vengas con nosotros.
¿Por qué? ¿Ya no te bastan tus nuevos amigos?
¡¿Eh?!
¡Amigos que te piden que arriesgues tu vida no son amigos verdaderos, Satsiki!
Esta chica está loca, hijo mío...
Pero, por lo menos, ella ¡es muy decidida!

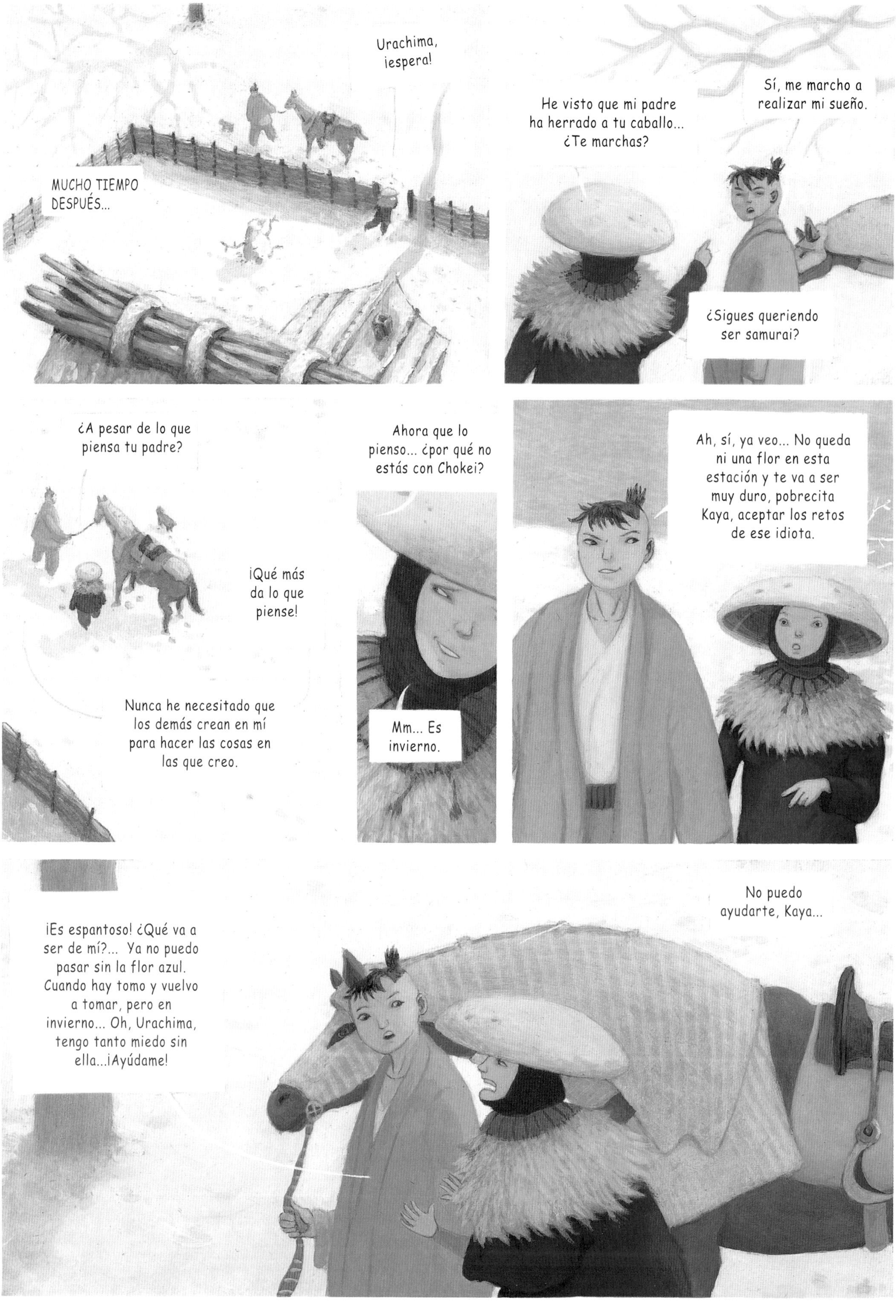
MUCHO TIEMPO DESPUÉS...
Urachima, ¡espera!
He visto que mi padre ha herrado a tu caballo... ¿Te marchas?
Sí, me marcho a realizar mi sueño.
¿Sigues queriendo ser samurai?
¿A pesar de lo que piensa tu padre?
¡Qué más da lo que piense!
Nunca he necesitado que los demás crean en mí para hacer las cosas en las que creo.
Ahora que lo pienso... ¿por qué no estás con Chokei?
Mm... Es invierno.
Ah, sí, ya veo... No queda ni una flor en esta estación y te va a ser muy duro, pobrecita Kaya, aceptar los retos de ese idiota.
¡Es espantoso! ¿Qué va a ser de mí?... Ya no puedo pasar sin la flor azul. Cuando hay tomo y vuelvo a tomar, pero en invierno... Oh, Urachima, tengo tanto miedo sin ella...¡Ayúdame!
No puedo ayudarte, Kaya...

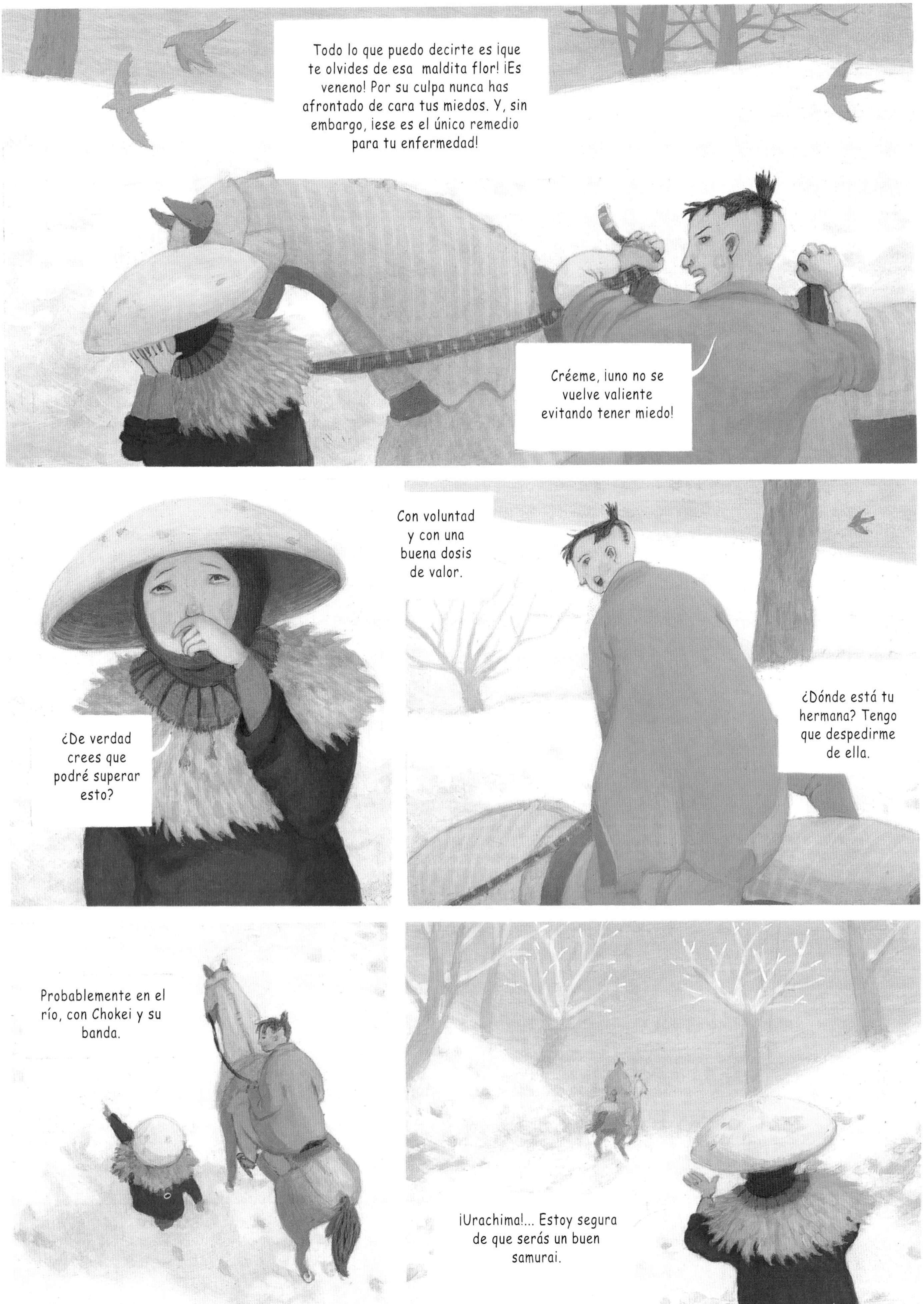
Todo lo que puedo decirte es ¡que te olvides de esa maldita flor! ¡Es veneno! Por su culpa nunca has afrontado de cara tus miedos. Y, sin embargo, ¡ese es el único remedio para tu enfermedad!
Créeme, ¡uno no se vuelve valiente evitando tener miedo!
¿De verdad crees que podré superar esto?
Con voluntad y con una buena dosis de valor.
¿Dónde está tu hermana? Tengo que despedirme de ella.
Probablemente en el río, con Chokei y su banda.
¡Urachima!... Estoy segura de que serás un buen samurai.

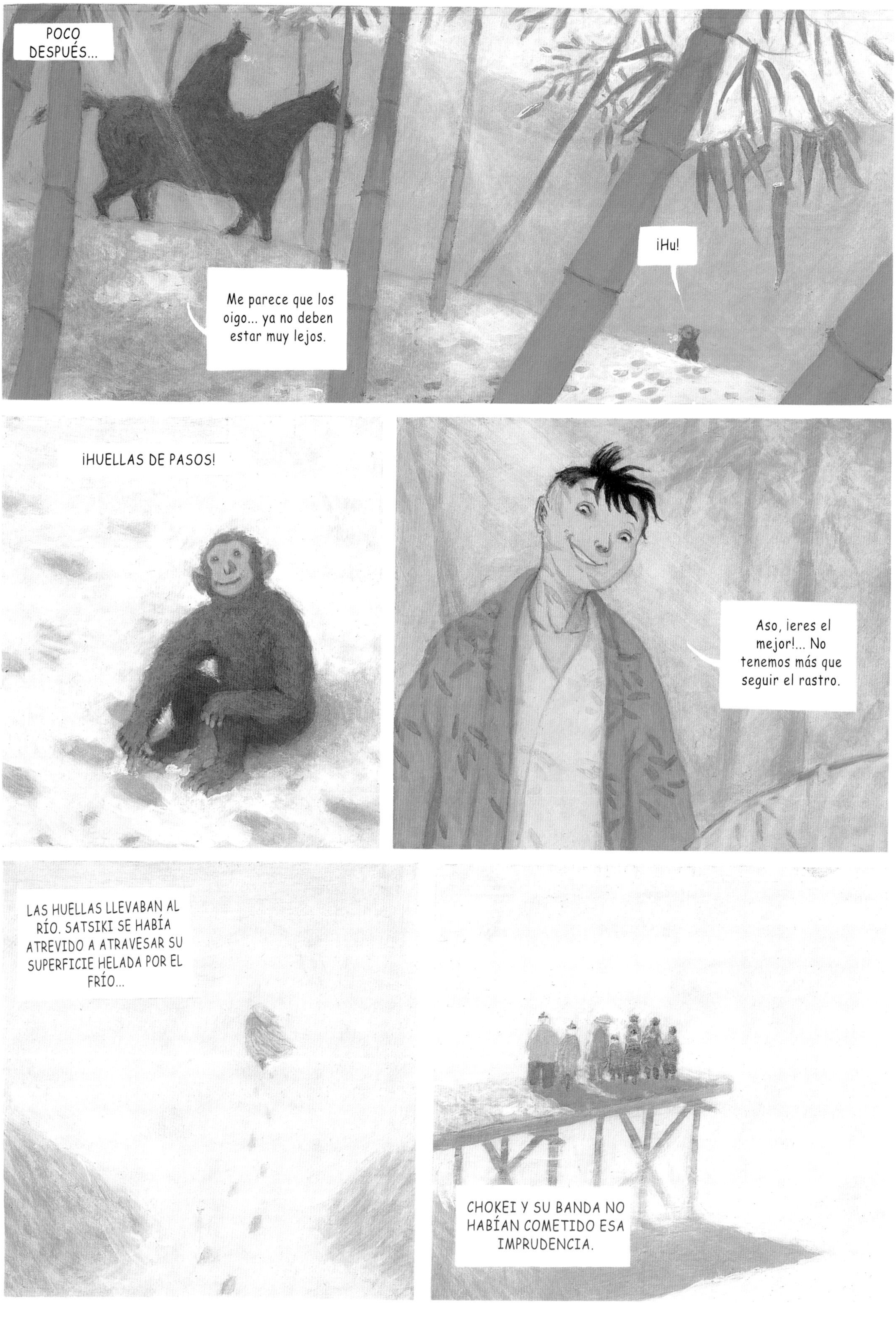
POCO DESPUÉS...
Me parece que los oigo... ya no deben estar muy lejos.
¡Hu!
¡HUELLAS DE PASOS!
Aso, ¡eres el mejor!... No tenemos más que seguir el rastro.
LAS HUELLAS LLEVABAN AL RÍO. SATSIKI SE HABÍA ATREVIDO A ATRAVESAR SU SUPERFICIE HELADA POR EL FRÍO...
CHOKEI Y SU BANDA NO HABÍAN COMETIDO ESA IMPRUDENCIA.

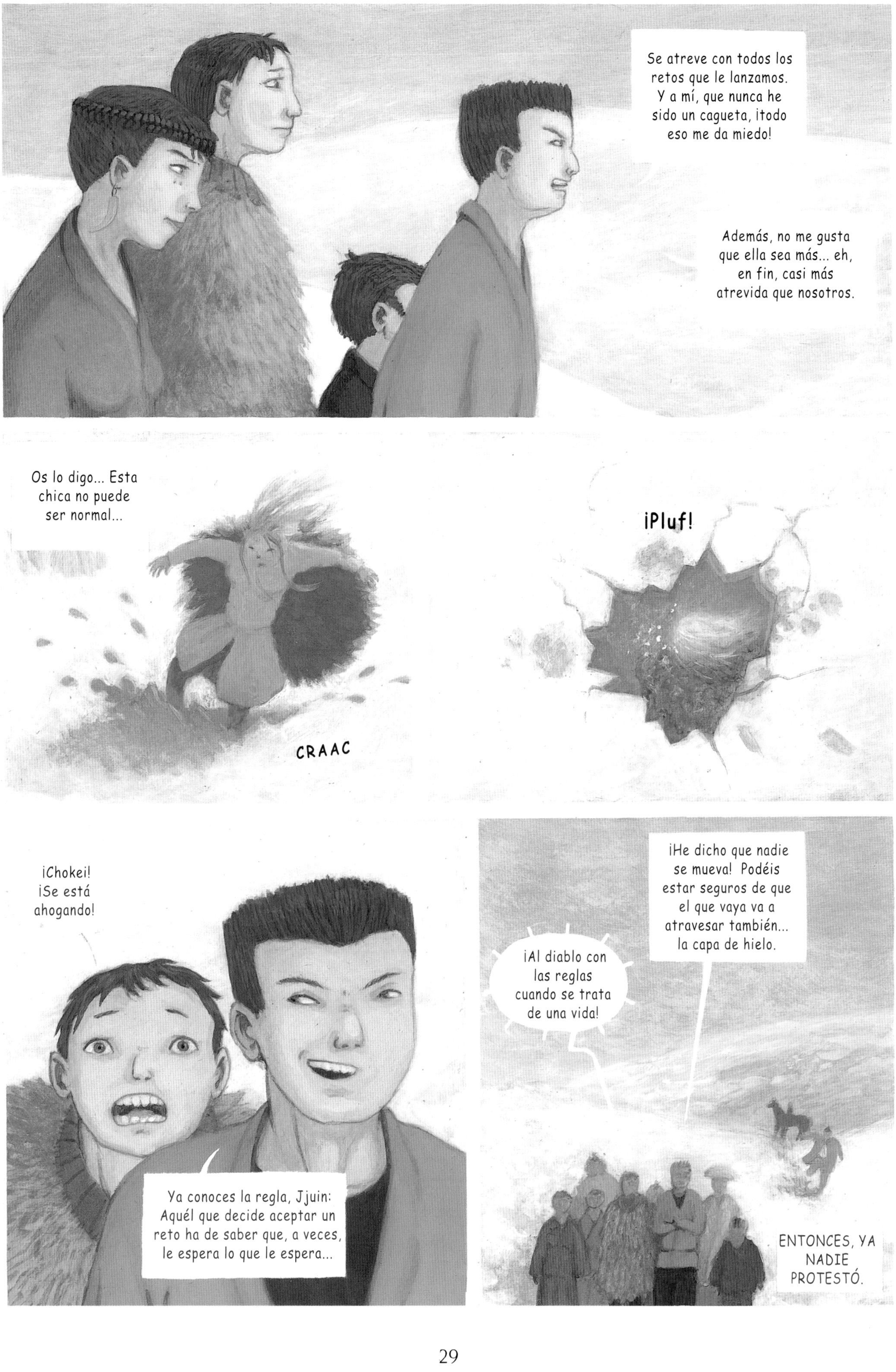
Se atreve con todos los retos que le lanzamos. Y a mí, que nunca he sido un cagueta, ¡todo eso me da miedo!
Además, no me gusta que ella sea más... eh, en fin, casi más atrevida que nosotros.
Os lo digo... Esta chica no puede ser normal...
CRAAC
¡Pluf!
¡Chokei! ¡Se está ahogando!
Ya conoces la regla, Jjuin: Aquél que decide aceptar un reto ha de saber que, a veces, le espera lo que le espera...
¡He dicho que nadie se mueva! Podéis estar seguros de que el que vaya va a atravesar también... la capa de hielo.
¡Al diablo con las reglas cuando se trata de una vida!
ENTONCES, YA NADIE PROTESTÓ.

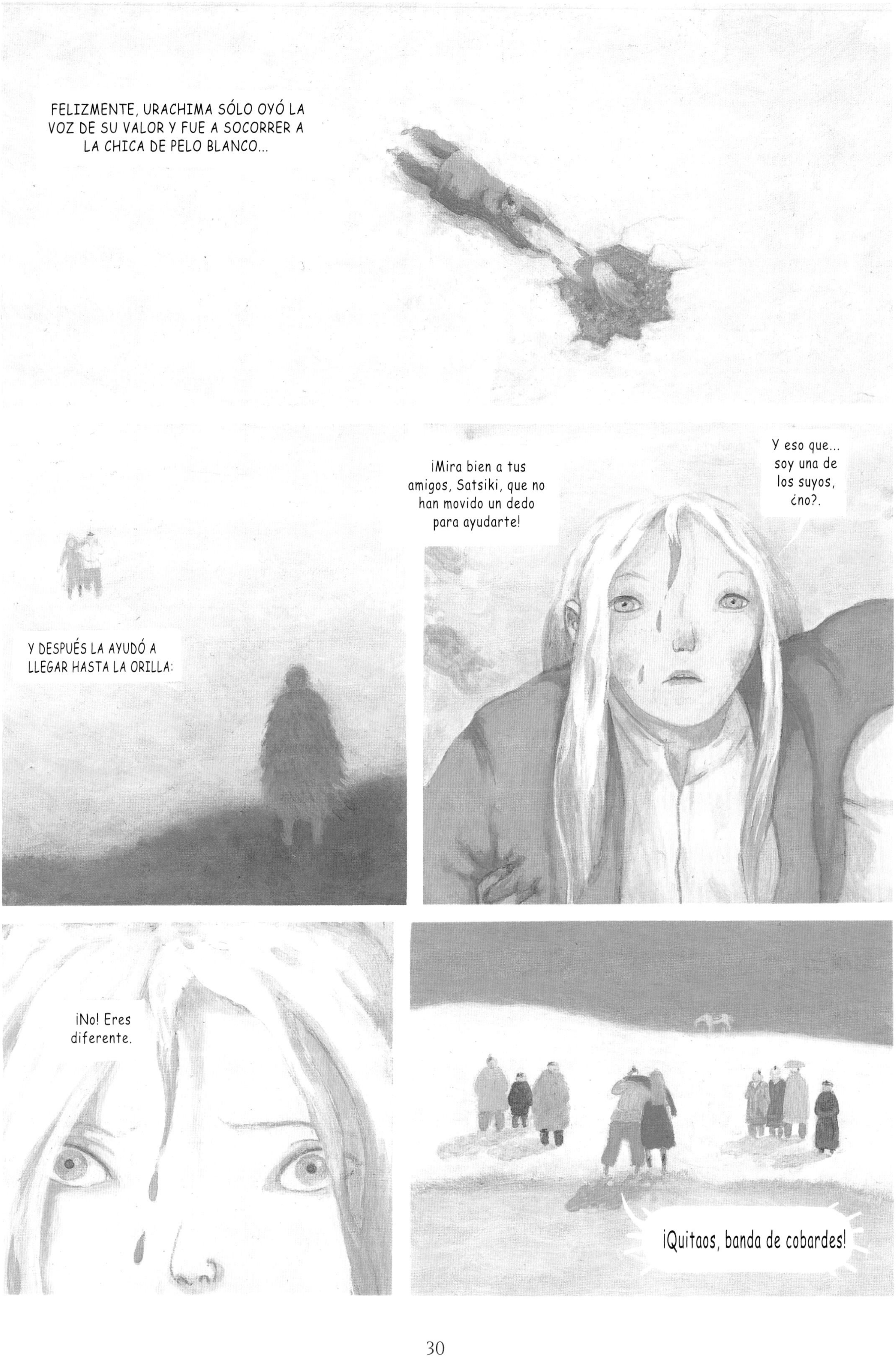
FELIZMENTE, URACHIMA SÓLO OYÓ LA VOZ DE SU VALOR Y FUE A SOCORRER A LA CHICA DE PELO BLANCO...
Y DESPUÉS LA AYUDÓ A LLEGAR HASTA LA ORILLA:
¡Mira bien a tus amigos, Satsiki, que no han movido un dedo para ayudarte!
Y eso que... soy una de los suyos, ¿no?.
¡No! Eres diferente.
¡Quitaos, banda de cobardes!

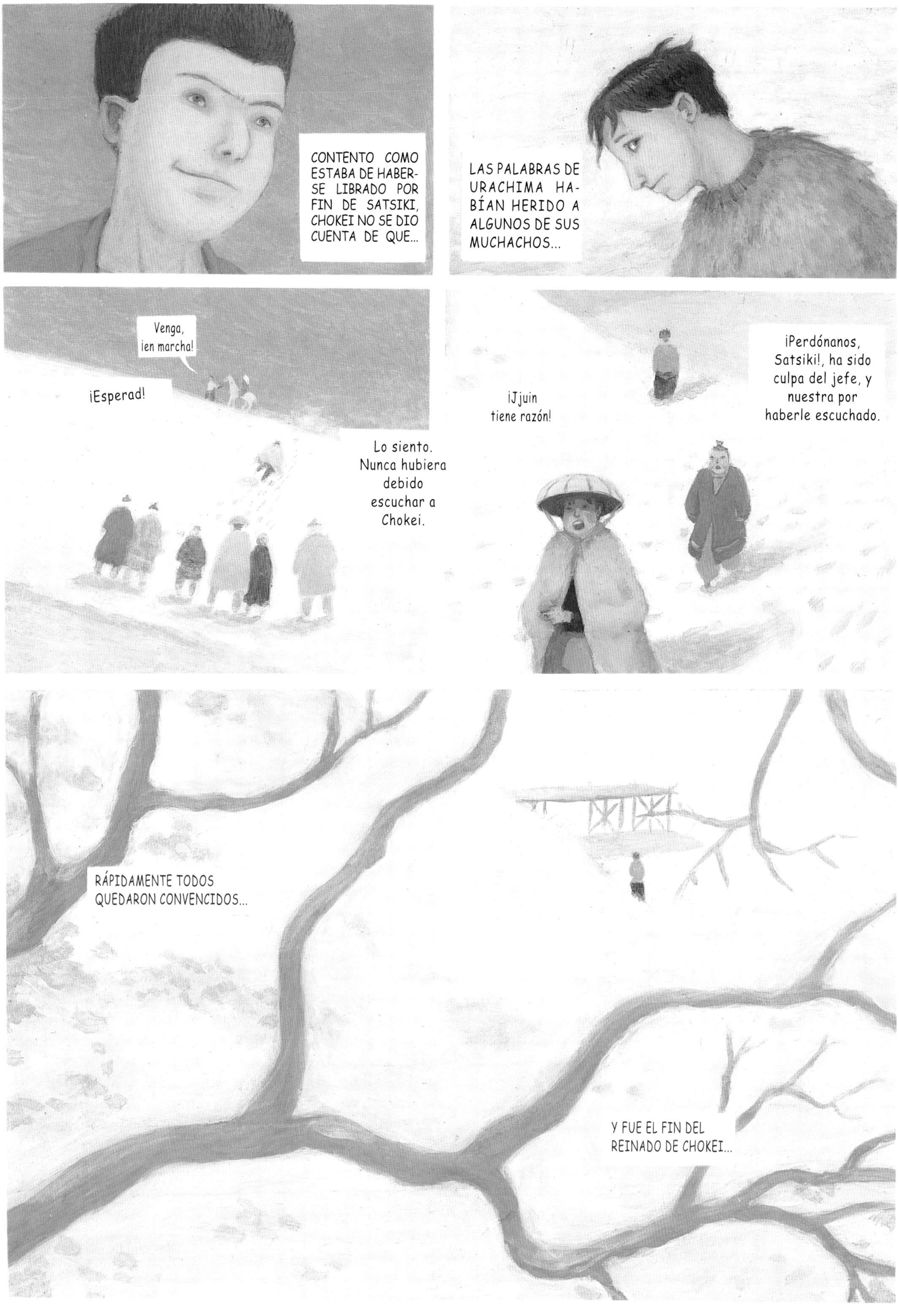
CONTENTO COMO ESTABA DE HABER-SE LIBRADO POR FIN DE SATSIKI, CHOKEI NO SE DIO CUENTA DE QUE...
LAS PALABRAS DE URACHIMA HA-BÍAN HERIDO A ALGUNOS DE SUS MUCHACHOS...
Venga, ¡en marcha!
¡Esperad!
Lo siento. Nunca hubiera debido escuchar a Chokei.
¡Jjuin tiene razón!
¡Perdónanos, Satsiki!, ha sido culpa del jefe, y nuestra por haberle escuchado.
RÁPIDAMENTE TODOS QUEDARON CONVENCIDOS...
Y FUE EL FIN DEL REINADO DE CHOKEI...

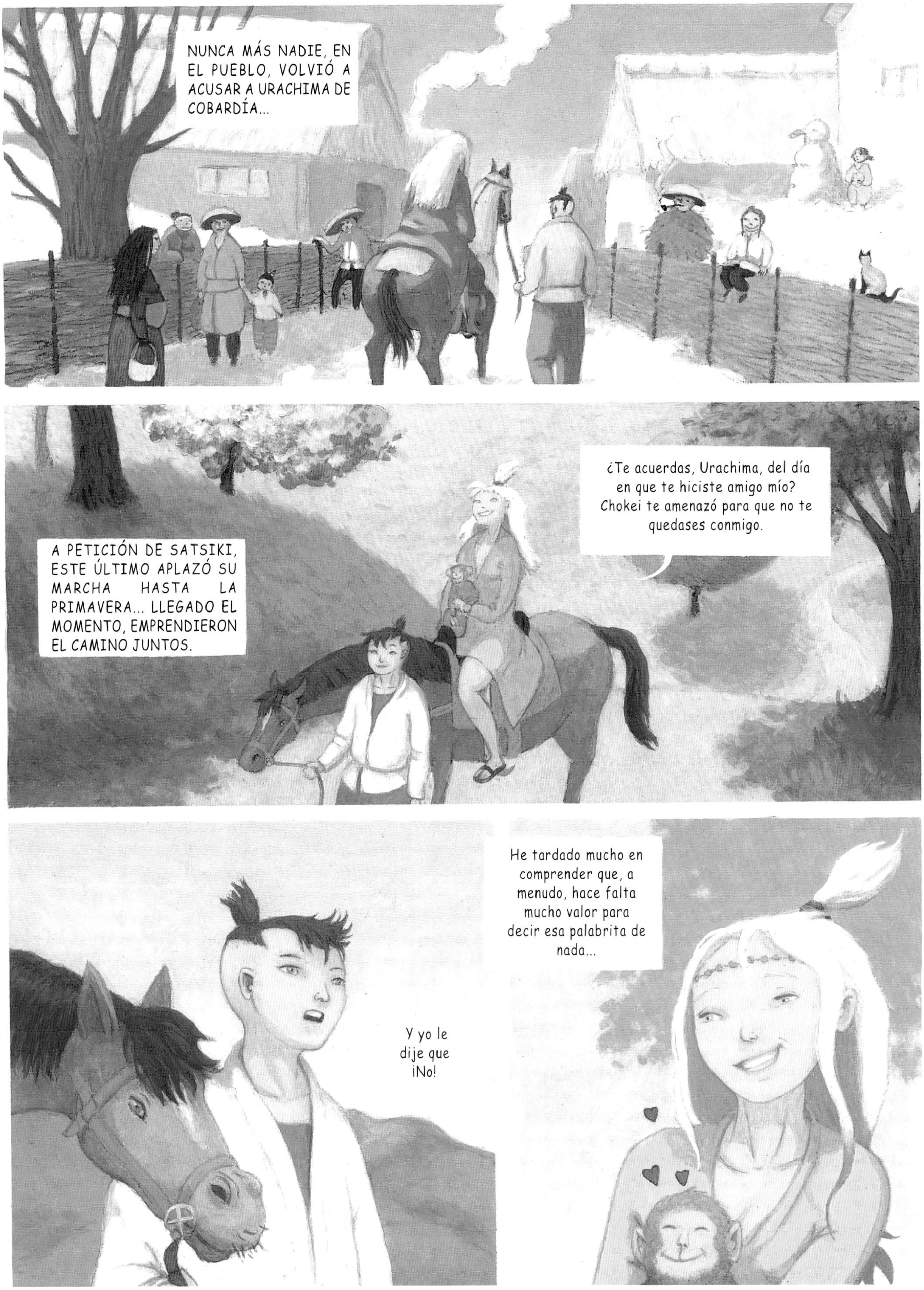
NUNCA MÁS NADIE, EN EL PUEBLO, VOLVIÓ A ACUSAR A URACHIMA DE COBARDÍA...
A PETICIÓN DE SATSIKI, ESTE ÚLTIMO APLAZÓ SU MARCHA HASTA LA PRIMAVERA... LLEGADO EL MOMENTO, EMPRENDIERON EL CAMINO JUNTOS.
¿Te acuerdas, Urachima, del día en que te hiciste amigo mío? Chokei te amenazó para que no te quedases conmigo.
Y yo le dije que ¡No!
He tardado mucho en comprender que, a menudo, hace falta mucho valor para decir esa palabrita de nada...

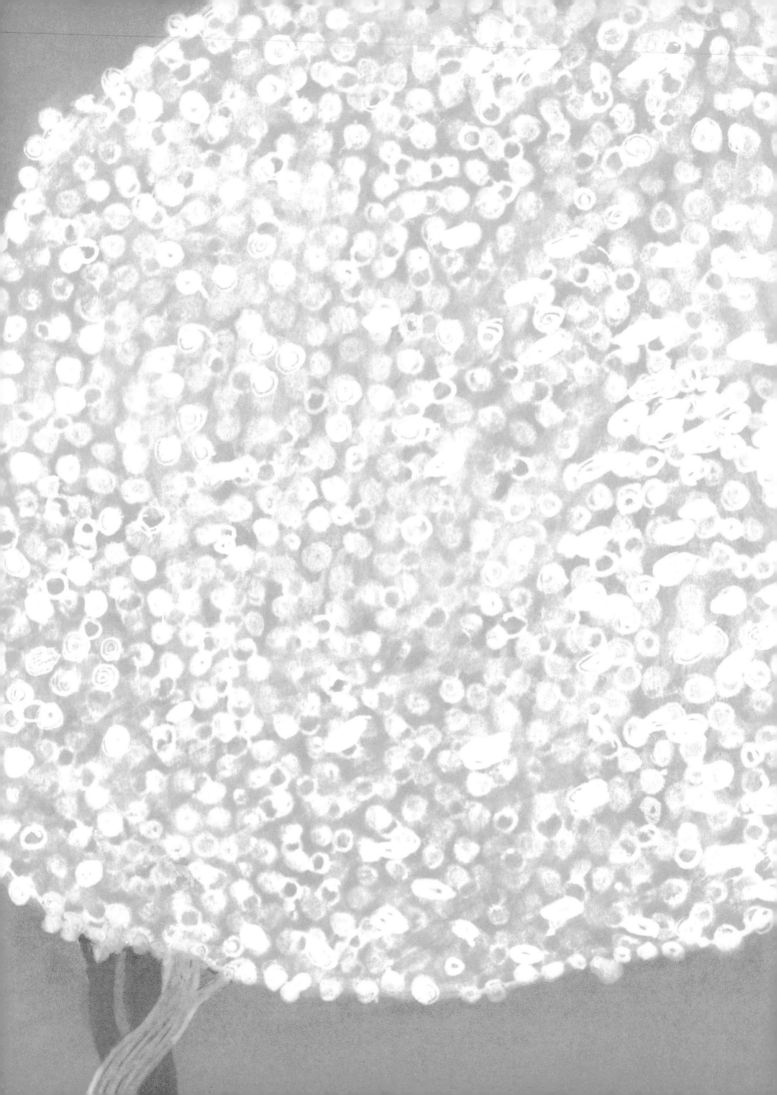